JN131859

How to make superb skin

皮膚科医が実践している

# 極上肌のつくり方

皮膚科医 小林智子 Tomoko Kobayashi

彩図社

# 肌が変わると人生が変わる

極上肌があれば、それだけで美人に扱われます。
極上肌があれば、それだけでメイクが楽しくなります。
極上肌があれば、それだけで若く見えます。
極上肌があれば、それだけで人生が明るくなります。

私は現在、皮膚科医として働いています。
初診では、うつむきがちにやってきた患者さんが、治療をしていくうちにどんどん顔が明るくなり前向きになるのを見るたびに、「肌は人生を変える」と感じています。

そして何より、私自身が、肌が変わったことで人生が変わったと実感しています。

# はじめに

今でこそ、「先生は肌の悩みなんて何もなさそうですね」と患者さんから言われるような肌の状態を保つこともでき、「肌のスペシャリスト」を自負していますが、以前は知識がなく、肌もボロボロで、しょっちゅうできるニキビに悩まされていました。

どれくらい知識がなかったか一例を挙げますと、医大の1年生の時、化粧品会社の街頭アンケートでスキンケアについて尋ねられた際のことです。

そのとき私は、「化粧水しかつけていません」と答え、インタビュアーを呆れさせました。「それは絶対にやめてください！」と、アンケートのはずがお説教を受けてしまったほどです。

それだけでなく、帰宅するのが夜中を過ぎることも多々あったため、疲れてメイクを落とさずにそのまま寝てしまう日もよくありました。

そんな生活でしたので、例の街頭アンケート以降、友人に薦められた乳液もつけるようにしたのですが、肌荒れがよくなることはありませんでした。

しかし、そんな私も、皮膚科医への道に進むことになり、皮膚の構造やメカニズムを学んでいくうちに、スキンケアにもちゃんと理論がある、と考えるようになったのです。

そして私自身、その考えに基づいたスキンケアに変更してから、自分の肌質が変わったことを実感することができました。

また、歳を重ねるにつれ、周囲の人に肌を褒められるようになり、ますますその考えは確信になりました。

さらに、肌がきれいになってから分かったことなのですが、毛穴が目立たない肌になると、鏡を見るのが気持ち良くなります。

コンシーラーを厚めにぬってみても赤味が目立っていたニキビも、いつの間にかなくなったので、メイクをするのがぐっと楽しくなりました。

するとさらに、「きれいになった」と周囲の人から褒められるようになりました。

そして、明るい気持ちでいられることが功をそうしてか、人間関係もよくなり仕事も家庭生活も順調です。

# ダンジョンに出会いを求めるのは間違っているだろうか ファミリアクロニクル episode リュー2

発　行　　2023年10月31日　初版第一刷発行

著　者　　大森藤ノ
発行人　　小川　淳

発行所　　SBクリエイティブ株式会社
〒106－0032
東京都港区六本木2－4－5
電話　03－5549－1201
03－5549－1167（編集）

装　丁　　FILTH
印刷・製本　中央精版印刷株式会社


ISBN978-4-8156-2369-2
Printed in Japan　　GA文庫

第16回
GA文庫大賞
GA文庫では10代~20代のライトノベル読者に向けた
魅力溢れるエンターテインメント作品を募集します!
物語が、華ひらく。
イラスト／風花風花
大賞賞金300万円+コミカライズ確約!
◆募集内容◆
広義のエンターテインメント小説(ファンタジー、ラブコメ、学園など)で、日本語で書かれた未発表のオリジナル作品を募集します。希望者全員に評価シートを送付します。
※入賞作は当社にて刊行いたします　詳しくは募集要項をご確認下さい
リニューアルで選考課程を一新!!!
応募の詳細はGA文庫公式ホームページにて
https://ga.sbcr.jp/

肌の悩みは人それぞれですが、一般的に若いときはニキビや毛穴のことで悩む方が多く、年を重ねるにつれてシミやシワ、くすみなどが気になる方が増えてきます。「極上肌になる」というゴールは共通でも、年齢によって肌の状態が異なるためにそのアプローチが違ってくるのはみなさんも納得でしょう。

しかし、極上肌になるためのキーワードは実はどの年代でもほとんど同じです。極上肌になるために重要なキーワードは「バリア機能」と「ターンオーバー」です。

この2つは美容系の書籍ではよく取り上げられているのでご存知の方も多いかもしれませんが、本当に重要なことなので説明しておきます。

まずは「バリア機能」ですが、言葉通り皮膚は外部からの様々な刺激から身体を守るバリアとしての役割を担っています。

皮膚は表面から表皮《ひょうひ》、真皮《しんぴ》、皮下組織《ひかそしき》という三層構造になっています。

バリア機能は表皮の中でもさらに最も外側にある「角層《かくそう》」が重要な働きをします。角層には角質細胞がびしっと密に並んでいて、さらにその隙間は水分やセラミドなどの細胞間脂質《さいぼうかんししつ》というもので満たされています。それらが外からの刺激をブロックし、同時に肌の水分の蒸発を防いでくれるのです。

逆に言えば、角質細胞の間に隙間ができてしまい、バリア機能が低下すると、外からの刺激に弱くなり肌も乾燥してしまいます。その際、保湿成分で角層の隙間を埋めてあげれば、再び肌を外からの刺激から守ることができるようになり、バリア機能は向上します。ですから、保湿は非常に大切です。

バリア機能

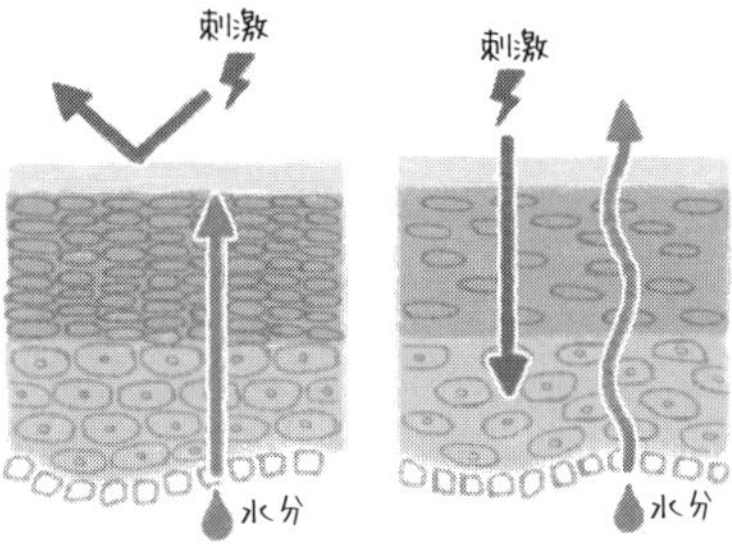


○びっしり隙間がない
→外からも内からもガード

○隙間がある
→外から侵入しやすい
水分が蒸発しやすい

次に「ターンオーバー」とは皮膚の新陳代謝のことです。表皮、真皮、皮下組織の皮膚の3層構造のうち、表皮がおよそ1ヶ月かけて生まれ変わることを指します。

ターンオーバーは表皮の最下層にある基底細胞《きていさいぼう》という細胞からスタートし、だんだん上に押し上げられつつ細胞分裂をすることで表皮細胞、角質と姿かたちを変え、最終的に垢《あか》として剥《は》がれ落ちます。日焼けをしても元に戻るのは、できてしまったメラニン色素がターンオーバーによって次第に表面に押し出され、剥がれ落ちるためです。

そして年をとると蚊に刺された痕が残りやすくなってしまうのは、ターンオーバーのサイクルが年齢に応じて徐々に遅くなり、炎症によってできたメラニン色素が上手く排出できなくなってしまうため。

しかし、後ほどお話ししますが、加齢以外にもターンオーバーが低下してしまう原因がいくつかあります。ニキビやアトピー性皮膚炎などの皮膚トラブルやシミやシワ、毛穴や乾燥などあらゆる皮膚の悩みの原因はこれらの機能に問題があることがほとんどです。ですから、「バリア機能」を高め、「ターンオーバー」を正常にしてあげるケアをすることが極上肌への近道です。

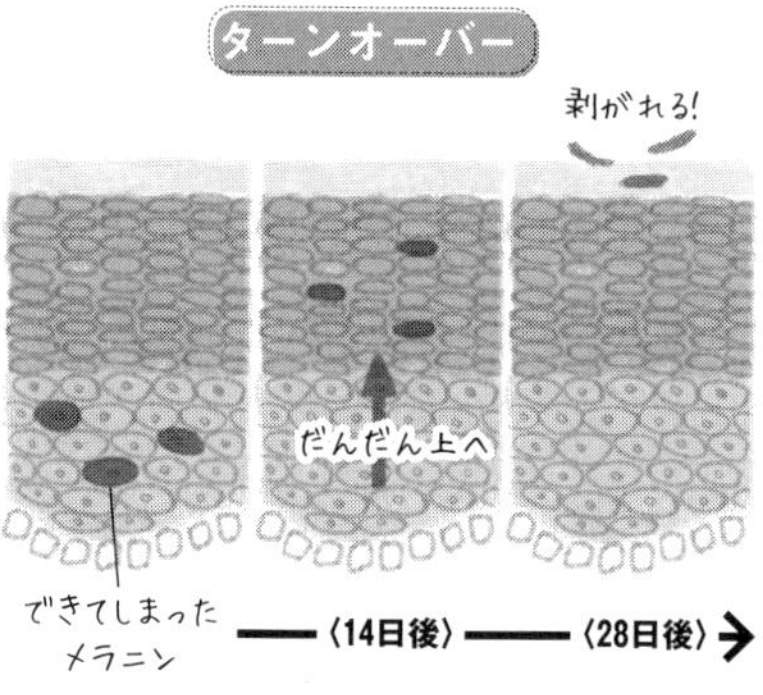

Step 03

# 「肌質」を知れば肌トラブルは防げる。

肌トラブルの原因をしっかり理解して、さらに自分の肌のことをきちんと知った上でスキンケアを行えば、極上肌にぐんと近づけます。選ぶ化粧品やスキンケアの方法、注意することなどは、肌質によってケアが多少異なってきます。

肌質は「水分量と皮脂量のバランス」によって決まります。

バリア機能の重要な働きを担う角質には、健康な場合でおよそ20～30％の水分量がキープされていますが、年齢を重ねるほど水分量が減っていくことが分かっています。こまめに自分の肌の状態を確認しておきましょう。

肌質は大まかに次の4つに分類することができます。

○普通肌
○脂性肌
○乾燥肌
○混合肌

○普通肌
まず、水分量が多く皮脂量が少なめなのが「普通肌（ノーマル肌）」。肌トラブルが少なく適度な水分、皮脂量を認める状態です。

○脂性肌
水分量も皮脂量も多いタイプが「脂性肌（オイリー肌）」です。べたつきやすく、毛穴が開きやすかったりニキビになりやすかったりします。

○乾燥肌
逆に水分量も皮脂量も少なめなのが「乾燥肌（ドライ肌）」。かさつきや肌のつっぱりが気になる人が多く、後でまた説明しますが「敏感肌」もこのカテゴリーに入ります。

○混合肌
最後に皮脂が多い部分とかさつく部分が混在しているのが「混合肌（コンビネーシ

ョン肌）」です。Tゾーンがべたつき、目元や口周りがかさつきやすい人が多いです。

このように大きく4種類に分ければ、自分の肌質はだいたいこの辺りかな？　とおよその見当がつくのではないでしょうか。

ただ、注意していただきたいのは、季節や生活習慣によって肌質が変わることもあるということです。夏はオイリーだけど冬はとても乾燥するという人は多いと思いますが、そういう方は季節によって違うケアが必要になります。

肌質は正しいケアで変えることができます。まずは己を知ることからスタートです。

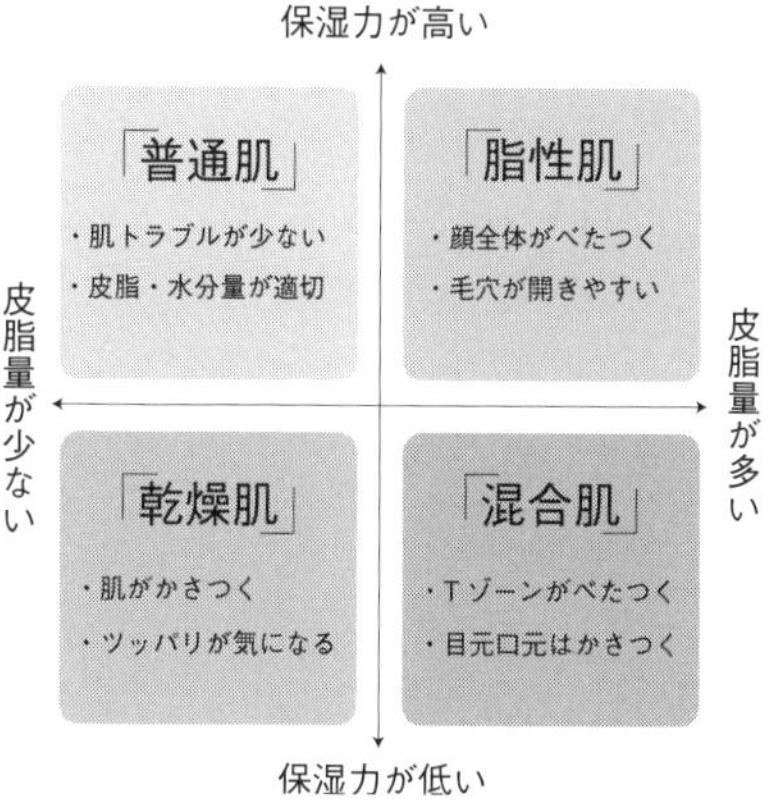

Step 04

# 極上肌の最大の敵は「紫外線」。

己を知った後は敵についても理解しておきましょう。

皮膚は外界に接する臓器だからこそ、様々な刺激でダメージを受けます。

その最たるものはずばり「紫外線」です。

基本的な話が続くなと感じる方もいらっしゃると思いますが、これらの基礎があると、次章からの話が分かりやすくなりますので、もうしばらく我慢してくださいね。

「紫外線＝シミ」と考えている人が多いと思いますが、紫外線は波長によってＵＶＡ、ＵＶＢ、ＵＶＣがあります。シミや日焼けをもたらすのはＵＶＢで、肌の比較的表面の細胞にダメージを与えます。

しかし、紫外線による肌ダメージはそれだけではありません。

実は非常に厄介なのはＵＶＡで、これが肌老化の原因になります。

なぜＵＶＡが厄介なのかと言うと、ＵＶＡはＵＶＢよりも深いところまで到達するため、真皮に存在するコラーゲンなどのタンパク質の細胞にダメージを与え、変性させてしまうからです。

肌の弾力やハリを与える働きをもつコラーゲンを始めとするタンパク質が変性する

と、弾力がなくなってたるみやシワなどを作り、肌の老化をもたらすというわけです。

しかも、コラーゲンは寿命が約20年と、他のタンパク質と比較して圧倒的に長いのがまた厄介です。

例えば30歳で変性したコラーゲンというのは約50歳までそのまま肌に残っていることになります。この紫外線による肌の老化を「光老化《ひかりろうか》」と言います。

いつまでも若々しい肌でいるためには、若いうちからいかに紫外線対策をしているかが大きく影響してくることがお分かりいただけるでしょうか。

UVケアを怠ってきた方はすぐに考えを改めましょうね。

紫外線と同様に皮膚の細胞にダメージを与える外部の敵は他にもあります。大気汚染や肌に付着した汚れ、乾燥、タバコなどです。

また、間違えたスキンケアも肌にダメージを与えます。本末転倒のようですが、これもまた極上肌の敵なのです。

そして、外部からの敵だけでなく、内部にも敵がいることを忘れてはいけません。

軽視しがちですが、決して無視できないのはストレスです。

むしろ、ストレスが極上肌を左右すると言っても過言ではありません。

人によって様々なストレスの原因があると思いますが、例えば睡眠不足になったり、どか食いなど食生活が荒れたりすることで、自律神経やホルモンなどのバランスが崩れると、正常なターンオーバーができず、バリア機能も低下してしまいます。

ダメージを受けた皮膚の細胞は、本来修復する機能を持っているのですが、残念ながら加齢に従ってその修復力は少しずつ低下してきます。

そのため様々なダメージを受けた細胞のうち、修復できないものが徐々に増えてきて、結果として肌の老化やトラブルにつながってしまうのです。

外から内からとたくさん敵はいますが、適切なスキンケアや生活習慣でほとんどの敵と上手に付き合うことができます。ひとつひとつ、見直していきましょうね。

# Chapter 1

# 「スキンケア」で肌の生まれ変わりを助ける

Step
05

# スキンケアは「シンプル」なほうが肌はキレイになる。

芸能界でも肌がきれいなことで有名な綾瀬はるかさんが、以前雑誌のインタビューで自分のスキンケアについて、特別変わったことはせず、シンプルなケアを継続することを徹底している、とおっしゃっていました。

肌がきれいな人にそのコツを尋ねてみても、「何もしていない」としか答えが返ってこない、というのもよく聞く話ですね。実はこれ、本当にそうなんです。スキンケアは、なるべくシンプルに、というのが極上肌をつくるコツです。

デートなど、何か特別なことがある前には、肌に対してスペシャルなケアを行うという人は少なくありません。エステに通う、パックを入念にする、美顔器を使う、といったようなケアをよく耳にします。確かに、このようなケアを行った直後は、肌のハリや、肌触りなど、肌の調子がよくなったと感じますね。

しかし、実際のところは、皮膚の細胞というのはターンオーバーによって、約1ヶ月かけて少しずつ生まれ変わるものですから、いくらスペシャルケアで短期間で肌の調子がよくなったように感じても、残念ながらそれは本当に肌がきれいになっているわけではないのです。それどころか、やりすぎなスキンケアはかえってターンオーバーを乱すことさえあります。

さらに言うと、化粧品を肌につけて実際に浸透するのは表皮の中でもせいぜい一番外層にある「角層」までです。

「細胞が生き返る」「有効成分が直接働きかける」など、化粧品のキャッチコピーは本当に効果がありそうな謳い文句ばかりですよね。

ですが、化粧品は薬ではありません。あくまで「健康状態を維持する」ためのもの。薬機法でも化粧品と、ステロイドなどの医薬品、またその中間の位置付けである医薬部外品にはそれぞれの役割があり、その役割を逸脱してはいけないと記されています。法律によって、化粧品に付与できる効果効能というのは限られているのです。

つまり、化粧品に過剰な期待をしてはいけないのです。

ちなみに、角層にある角質細胞は、ターンオーバーで上に押し上げられた細胞のうち、もう生まれ変わることのできない、いわば「死んだ」細胞です。

いくら化粧品やエステなどで肌が生まれ変わったように感じても、死んだ細胞は生まれ変わったり回復したりすることはありません。

そうなると化粧品を使ったスキンケアは肌に何の効果があるの？　と疑問を感じる

方もいらっしゃるかもしれません。

実は化粧品は、もうひとつの極上肌のキーワードである「バリア機能」を正常に機能させることが一番の役目になります。つまり「保湿」です。角層はラメラ構造といってミルフィーユのように角層細胞が並んでいますが、このラメラ構造を保湿によって正常化することで、バリア機能はきちんと保たれます。ごちゃごちゃとたくさんの種類がある化粧品も、究極な目的は「保湿」につきるのです。

ですから、スキンケアは次のようにとてもシンプルに言い換えることができます。

○「バリア機能」維持のための「保湿」
○正常な「ターンオーバー」のための、紫外線など極上肌の敵に対する対策・ケア

皮膚の細胞は常に少しずつ生まれ変わっているため、過剰ではない正しいケアを継続すればおよそ1ヶ月後、必ずその効果が表れます。

今何か肌のトラブルで悩んでいる方も、きちんと理解した上で正しいシンプルなスキンケアを継続すれば、今よりも必ず極上肌に近づくことができますよ。

Step
# 06

## 「自分の肌」に必要なアイテムだけを取り入れればいい。

化粧品によるスキンケアはシンプルがいいと申し上げましたが、そうは言っても、適当ではいけません。スキンケアの正しい順番は次の通りです。

○夜の場合
クレンジングと洗顔料のダブル洗顔→化粧水→美容液→乳液・クリーム

○朝の場合
洗顔料で洗顔→化粧水→美容液→乳液・クリーム→UVケア

シンプルとは言っても、やることはやらなければいけないのね、という印象かもしれませんね。ただし、全ての方がこれを全部やらなければいけないわけではありません。必要なケアは肌質によって変わってきます。

○普通肌の方
美容液はあってもなくても構いません。

保湿や美白など、様々な効果を謳っている美容液があるため、どれを使っていいか分からないと思われる方が多いのですが、美容液の主な目的は肌の状態を整えることです。そのため特に肌トラブルのない普通肌の方は、必ずしも美容液をつける必要はないのです。

○脂性肌の方

特にてかりやすい夏は乳液とクリームどちらかにした方がいいでしょう。化粧品で油分を与えすぎて、ニキビになる可能性があります。ニキビの方は「ノンコメドジェニックテスト済み」と書かれた化粧品がオススメです。

クリームも、特にアンチエイジングを謳っているような高年齢者向けのものは、油分が多い傾向にあるので選ぶときは注意が必要です。

もう1点、てかりが気になる人は、気になるが故に洗顔を入念に行いがち。ですが、皮膚にある皮脂腺は、そのときそのときの皮膚の油分に合わせて分泌量も変化します。洗顔で脂を取りすぎると、皮脂腺が脂が少ないと感じとって余計皮脂を分泌してしまうことになります。あまり洗顔はし過ぎないように気をつけてください。

○乾燥肌の方

とにかく保湿が重要なので、基本的に乳液もクリームも使用した方がベターです。保湿がしっかりとできたバリア機能が正常な状態は、つっぱり感などの刺激を感じにくくなることが分かっています。

化粧品は、保湿効果が高いと言われている「セラミド」配合のものがおすすめです。

○混合肌の方

Tゾーンなど部分的にてかる方がほとんどなので、洗顔や化粧水は顔全体に行い、乳液・クリームは乾燥する部位に重点的に塗るといいでしょう。

このように、スキンケアは化粧水で保湿したあとは、自分の肌の状態に応じてアイテムを使い分けていきましょう。

Step 07

# クレンジングは「メイクによって」使い分ける。

女性のほとんどの方は化粧をしますよね。化粧をする場合の洗顔は、夜はクレンジングと洗顔料のダブル洗顔、朝は洗顔料による洗顔が基本です。

クレンジングでは化粧の油分を、そして洗顔料では肌に残ったクレンジング料や古い角質、汚れなどを落とす、という目的があります。

洗顔で重要なこと、それはずばり「さっと」、「洗い残りがないこと」です。洗い残りがない、というのはみなさん納得だと思いますが、丁寧に、ではなく「さっと」とはどういうことでしょう。

ここではまず、クレンジングについてお話しします。

一言でクレンジングと言っても、オイルやジェルなど様々なタイプがあることはみなさんもご存知かと思います。実は、これらは形状だけでなく洗浄力なども少しずつ異なります。

一般的に、クレンジングの成分は、油性成分と界面活性剤の2つがあり、これによりメイクを落とすことができます。洗浄力というのは界面活性剤の種類などによって異なりますが、注意したいのは洗浄力が高ければ高い程いい、というわけではないということです。なぜなら、洗浄力が高いとその分、肌のバリア機能を担う皮脂や天然保湿因子、細胞間脂質なども一緒に洗い流してしまう恐れがあるからです。

一般的に、オイルタイプは洗浄力が高いとされていますが、使用される界面活性剤の種類などによって同じオイルタイプでも洗浄力はマチマチです。ミネラルオイルなどの油性成分の他に界面活性剤が入っており、その種類によってはかなり洗浄力が高く、濃いメイクでもさっと落とすことができる一方、洗った後につっぱりや乾燥を招くこともあります。

そして、クリームタイプや乳液タイプに使われる界面活性剤は洗浄力が比較的弱いです。敏感肌を含む乾燥肌の方には使いやすいですが、使い方によってはかえって肌への刺激を招くことがあります。

というのも、敏感肌の若い女性に特に多いのですが、肌への刺激が少ないクレンジングを選んでいても、化粧を落とすために必要以上にずっとゴシゴシこすってしまう方がいるのです。これでは逆に肌に大きな負担がかかってしまうだけでなく、皮脂の取りすぎで肌トラブルを作ってしまうという本末転倒な結果を招いてしまいます。

先ほどポイントとして挙げた「さっと」には、「肌をこするような手間をかけない」

という意味が含まれています。特に毛穴やニキビが気になる人は必要以上にゴシゴシと入念に洗顔を行う傾向にあります。その洗顔方法がかえって毛穴やニキビを悪化させている場合もあるので、あくまで優しくささっと行うように注意してください。

シートタイプのクレンジングもあまりおすすめしません。このタイプはほとんどが界面活性剤を多く含んでいるだけでなく、拭き取りを行うことで肌に大きな摩擦がおきて、炎症・トラブルの原因になってしまう可能性が高いからです。

クレンジングは、しっかりメイクの日はオイルタイプ、普段はクリームタイプなど、メイクの濃さや肌のコンディションに合わせて使い分けることが理想的です。

最後に、摩擦を少なくするコツをお教えしましょう。

「必ず洗顔の前には水やぬるま湯で軽く洗うこと」

これだけでも摩擦をぐっと減らすことができます。

また、クレンジングの後には洗顔料を使うのですから、クレンジングで完璧に落とすことは目指さず、クレンジングはあくまで肌になじませるように、力を入れず優しくささっと。これがポイントです。

Step
08

# 洗顔料は洗浄力が弱くてもいい。

クレンジングの次は洗顔です。洗顔料も様々な形状のものがありますが、クレンジングと同様に、「洗浄力」と「肌への刺激」は比例することが多いです。洗浄力が高い＝バリア機能を担う皮脂や天然保湿因子、細胞間脂質なども一緒に洗い流してしまうため、バリア機能の低下につながりやすいのでしたね。

そのため、洗顔料も洗浄力が強い方がいいというわけではありません。

よく「洗顔には泡がいい」と言われるのは、クレンジングでこすらず優しく肌をいたわって洗ったように、洗顔料でもまた摩擦を少なくすることがポイントになるからです。

また、泡立てることで肌に接触する界面活性剤の量を減らすこともできます。フォームタイプや粉末タイプなど、いずれの形状の洗顔料でも泡立てることが洗顔の重要なポイントです。

泡立ては手でもできますが、十分に洗顔料を手に取り、少しずつぬるま湯を足していく必要があるのでちょっとした技術と手間がかかります。面倒だなという方は泡立てネットで泡立ててももちろんオッケーです（私ももっぱらこちらです）。

泡立てが面倒な人向けに、ポンプ式で最初から泡の形状で出てくるタイプの洗顔料もあります。泡立てないくらいであれば、ポンプ式の泡洗顔料でも十分ですが、界面活性剤が多かったり、泡自体がへたりやすいものも多いため、できればご自分でしっかり泡立てた方が肌には優しいです。

ただし、中にはクレンジング不要の洗顔料で、泡で出てくるタイプのものもありますが、こちらは注意が必要です。一見肌に優しそうですが、実は界面活性剤が多く含まれていて肌への刺激は強めです。肌の調子が悪いときは避けた方がいいでしょう。

また、固形石鹸は泡立てやすく、アレルギー性皮膚炎などの肌トラブルになりにくいですが、アルカリ性なので人によってはつっぱったりすることもあります。

どの洗顔料を使うかは、その時の肌の状態でも変わってくるので実際に泡立てて洗顔してみて心地いいものにしましょう。

そして、泡立ても大事ですが、洗顔料はしっかりすすいで洗い残りがないようにすることも重要です。特に髪の毛の生え際、顎は洗い残りが多く、ニキビの原因になります。

しっかりすすいだら、いよいよあなたの洗顔もクライマックス！

最後はタオルの拭き取りです。このときゴシゴシ拭いてしまっては、せっかくクレンジングと洗顔料で優しく肌をいたわった努力が水の泡になってしまいます。ゴシゴシした方がさっぱりするという気持ちはよく分かります。そこをぐっとこらえて優しく押さえるように水分を拭き取ってください。

これであなたの洗顔は完璧です。

Step 09

# 化粧水は手で「さっと軽く」押さえるようにつけるだけで十分。

スキンケアの基本中の基本、といえば化粧水を思い浮かべる方が多いのではないでしょうか。

ところで、化粧水は肌をしっとりと潤すもの、保湿するものと思っている方がたくさんいらっしゃいます。

このイメージは、「肌の奥までぐんぐん浸透する」「しっとり潤う」「もち肌になれる」といった化粧水の宣伝の影響がとても大きいと思います。

私もスキンケアデビューしてからしばらくは、化粧水だけで保湿は十分だと思い込んでいました。

しかし、化粧水の本来の目的は、保湿ではないのです。

化粧水の本来の目的は、実は保湿することではなく、水分補給と、次に使う乳液やクリームがまんべんなくスムーズに塗れるように肌全体を整えることです。

化粧水は油分ではなく水分でできています。化粧品が届くのは、前項でもお話ししたようにせいぜい表皮の一番表面の角層まで。「ぐんぐん浸透する」などと謳っている化粧品も、よくよく見ると小さい文字で「※ただし角層まで」、と書かれています。

角層の厚さはわずか0・01〜0・03ミリで、常に20〜30％程度の水分量がキープされています。

たしかに、化粧を落とすことで肌に塗られていた油分が取れ、角層の水分量が蒸発しやすくなるため、化粧水をつける前は水分量が減少しがちです。

ですが、その状態で化粧水をつけたとしても、再びほどよい角層水分量に戻るだけですので、化粧水をつければつけるほど肌に水分が浸透するか、というとそんなことはないのです。

ですから、化粧水をたくさん肌に浸透させようと、化粧水を含ませたコットンで長時間パックする、大量の化粧水をバシャバシャ使う、手でパッティングするなど様々なお手入れ方法が出回っていますが、これらはすべて誤ったやり方です。

化粧水をつけて水分量を整えた状態から、保湿力を高めて肌を保護するのが、油分でできている乳液・クリームです。

ここで、スキンケアで一番重要なことを確認すると、摩擦など肌の負担になるようなことをしない、ということでしたね。

この乳液・クリームを肌にまんべんなく、かつ摩擦を極力少なくスムーズに塗るために化粧水が一役買う、というわけです。

さらに、化粧水には角層を柔軟にする効果があります。そのため化粧水をつけた場合では、つけない場合と比べて乳液・クリームがより浸透し、保湿効果がアップします。

化粧水はスキンケアにおいて必須アイテムではありますが、化粧水だけで肌は保湿できません。それにもかかわらず、「化粧水の効果を期待しすぎている」ようなスキンケア方法が多く目につきます。

基本的に化粧水は、顔全体に手のひらをつかって軽く押さえるようにつけるだけで十分。

手の込んだやり方は、その間にも水分が蒸発してしまいますし、肌への摩擦が増えることにもつながりますので今日からすっぱりやめましょう。

Step
10

# 乳液・クリームは
# セラミドやヒアルロン酸
# 配合のものがおすすめ。

化粧水で肌を整えた後は、乳液・クリームの出番です。

ここで大切なのは、なるべく保湿力をキープできるものを選ぶことです。

よく、「化粧水の後は乳液やクリームで蓋をする」と言われますが、乳液やクリームでは、決して完全に「肌に蓋をする」ことはできない、ということはご存知でしょうか。

乳液とクリームにはそれぞれ油分が含まれていますが、実は油分よりも水分の方が大きな割合を占めています。

乳液とクリームでは乳液の方が水分が多めでさらっとしたテクスチャーで、クリームは乳液よりも油分が多くなっています。

水分によって肌に浸透しやすくなる一方で、肌の上に留まって保湿する効果は蓋の役目を果たすほど高くはないのです。

ですから、保湿力をより高めるためには、セラミドやヒアルロン酸などの保湿成分が配合されたものを選ぶことが最も近道です。

もちろん塗るときは、肌に負担にならないように優しく塗ること。しっかり塗り込むのはNGです。

また、乳液とクリームは両方必要ですか？　と聞かれることがよくあります。

乳液・クリームも肌質に合わせた使い方がおすすめです。

特に脂性肌や混合肌の方でニキビができやすい方は、化粧品による油分が多すぎる可能性もあるため、どちらか一方のみにするなど状況に応じて使い方を変えるといいと思います。

反対に、両方塗ってても特にニキビなどの肌トラブルがない方は、乳液・クリームの両方塗りをおすすめしています。

理由はふたつあり、ひとつは、乳液とクリームのダブル使いによって水分保持能力がより高まるからと、もうひとつは一般的に私たち日本人の肌は欧米人と比較して薄く、乾燥しやすいからです。

以前アメリカの友人から、保湿はオイルしかしていないという話を聞いたことがあります。

オイルは成分のほとんどが油分なので、より肌の上に留まることで保湿力を発揮するアイテムですが、私たち日本人の肌にはオイルのみの保湿は十分とは言えません。

さらにオイルはクリームよりも塗るときの摩擦力が高く、単独使用では肌への負担も無視できません。

もしオイルを使用したいのでしたら、乾燥しやすい部位にポイントとして使ったり、乳液・クリームの後に肌になじむ程度に使ったりするのがおすすめです。

Step 11

# クリームと乳液の量は「ちょっと多いかな?」が目安。

さて、ではいよいよ乳液とクリームを使っていきましょう。

ところで、あなたはきちんと乳液やクリームを使って保湿することができていますか？　ただ何も考えずなんとなく乳液やクリームで保湿しているのでしたら、やってる「つもり」でも実は不十分なケアかもしれません。

というのも、患者さんにスキンケアのやり方を聞いてみると、この乳液やクリームの使い方に不足があるのではないかと思うことが多いのです。

一番多いのは、保湿ケアを塗る際の「適量」が間違っていることです。

化粧水は多めに使う人が多い一方で、乳液やクリームはケチって少量を取ってそれを薄く伸ばして使っている人が多いのではないでしょうか。

クリームのちょうどいい量とは、塗った後にティッシュペーパーがペタっと付着する量。これは日本人の顔の面積およそ500平方センチメートルに対して1回につき1〜1・5グラムの量になります。大きさで言うと500円玉程度。保湿については朝と夜の1日2回が基本なので、1日で2〜3グラム使うことになりますね。

ご自分が使っているクリームの量を一度確認して、どれくらいで使い切ることになるか計算してみてください。思ったよりも早く消費しなくてはいけないことになるのではないでしょうか。

乳液の場合はテクスチャーがどちらかと言うと化粧水よりですが、こちらもクリームと同様に500円玉くらいが使用量の目安です。

また、塗る場所も重要です。

顔のパーツの中では、頬よりも鼻から下の方が水分は失いやすいことが分かっています。頬は顔の中でも面積が大きく塗りやすいですが、特に季節の変わり目や冬の乾燥する時期には鼻から下にもしっかり塗るのをお忘れなく。

この機会に、あなたの肌が乾燥しているかどうか確認してみましょう。

「乾燥」と言っても、どういう状態が乾燥しているか分からない人も多いと思います。ドライスキンというのは、正常な水分量から10%程度低下することを言います。

水分量と言えば、体験したことがある人もいるかもしれませんが、デパートの美容カウンターなどで水分量を測定する機械がありますね。

この数字につい一喜一憂してしまいがちですが、残念ながらこの機械では正確にドライスキンかどうかを判断することはできません。なぜかというと、ドライスキンかどうか評価するためには、水分量だけでなく、角層に含まれる天然保湿因子の量など他の要素も含まれるからです。

そのため、計測した水分量よりも、実際に手で触れて、肌表面が滑らかかどうかや、けば立っていないかといった「柔軟性」で判断した方が実は当てになります。日頃から触ってその都度ドライスキンかどうかチェックしておきましょう。オクラのようにささる感じや、触ったときに滑らかでなくひっかかったりざらつきがあるなどが目安だと思います。

もし乾燥しているようでしたら、乳液とクリームはダブル使いで、セラミドなど保湿効果の高い成分を配合したものを使ってみてください。使う量は先ほども述べた500円玉大を目安で。すでに必要な量を使っているなら、量を増やすよりも、詳しくは後ほど説明しますが、睡眠時間をしっかり確保する、タンパク質やオメガ3などに配慮した食事などの生活習慣を見直すことが重要かなと思います。

Step 12

# 年齢が出やすい「首」は
# とにかく紫外線対策が大事。

スキンケアで、忘れがちな部位である「首」についての注意事項をお話ししましょう。

首のケアはとても大切です。

なぜ首のケアが重要かと言うと、首は顔よりもさらに皮膚が薄く、たるみやシワになりやすい特徴があるからです。

しかも顔と違って簡単にメイクでごまかすことができないですよね。よく「首に年齢が出やすい」というのはそのためです。

それでは、どのようなケアを行ったらいいのでしょうか。

ひとつは紫外線ケアです。

化粧下地やＢＢクリームなどで、顔への紫外線対策はしていても首まで気をつけているという人は案外少ないと思います。

紫外線が強い夏場などは、首までしっかりＵＶクリームを塗る、またはストールを巻くなどのケアを行うようにしましょう。

そして、毎日のスキンケアで顔に塗る化粧水や乳液・クリームを首にも塗るようにしてください。

特に首用のものである必要はありません。レチノールなどの美容成分も首へのアンチエイジングケアに有効です。

首には頸椎という骨や甲状腺があるうえに皮膚が薄いため、触ると分かるように非常に凸凹しています。

その凹凸に沿ってシワができやすいのですが、傾向としてむくみがひどいと横向きに、たるみがひどいと縦向きにそれぞれさらにシワができやすくなります。

むくみやたるみ解消のためには、リンパマッサージが有効です。

保湿ケアと併せて、リンパの流れに沿って、耳の後ろから鎖骨のくぼみの方向へ優しくマッサージを行ってください。

肌のケアになるだけでなく、コリがほぐれて気分がすっきりしますよ。

また、近年のスマートフォンの普及で、下向きでいる時間が増えている人は多いのではないでしょうか。

下向きでは自然とシワが寄る体勢になるため、長時間そうしていることで首のシワを増やすひとつの原因になります。

現代社会では、これまで以上に首に対するケアが重要になってきているのです。

最近では、たるみケアで行うレーザー治療を顔だけでなく首にも当てるコースを提供する美容皮膚科も増えてきています。

今まで首のケアを怠っていた方は、これをきっかけにぜひ毎日のスキンケアの中に取り入れてくださいね。

Step
13

# 高価な基礎化粧品で得られる「心の満足感」は捨てたものではない。

ここからは化粧品の選び方についてお話ししていきたいと思います。

よく、「高い化粧品を若いうちから使っていると肌が甘やかされる」「安い化粧品では効果がない」など基礎化粧品に関して色々な噂を耳にします。

実際、基礎化粧品選びに値段は考慮すべきなのでしょうか。

選び方について考える前に、まず化粧品の効果について知っていただきたいことがあります。

化粧品は、薬ではありません。そのため、例えば「この化粧品でアトピーの症状が改善します！」というようなことは、決して言ってはいけないことになっています。

ある化粧品を使ってアトピーがよくなった、とおっしゃる方はいらっしゃいます。しかしそれは化粧品によってアトピーがよくなったのではなく、その化粧品がたまたまその人の肌質に合っていて、乾燥などの症状が落ち着いたから、なのです。

つまり、化粧品選びの最大のポイントは「どのような効果があるか」ではなく、「実際につけてみて自分の肌質と合っているか」です。これは非常に普遍的なこと。

それにもかかわらず、化粧品会社は、消費者の購買意欲を常に高めるために、あたかもその化粧品が肌の悩みを解決してくれるかのような宣伝文句をならべます。そして、旬な女優さんを使ったりパッケージを工夫したりしてわたしたちに錯覚を与えてきます。

化粧品1本当たりに最もコストがかかっているのは広告やパッケージに対する費用だと言われています。そのため「口コミの評価が高い」ものや「多くの芸能人が使っているもの」が必ずしも誰にとってもいい化粧品であるというわけではないのです。

極論を言えば、安い化粧品と高価な化粧品とで、実はその成分に大きな違いはありません。

例えば化粧水は、そのほとんどが水と保湿成分のグリセリンでできています。また有名な話では、青い缶で有名な安いクリームと海外の某メーカーの高級なクリームの成分がほぼ同じ、という話もあります。

中には安い化粧品の安全性を心配される方もいますが、日本の場合、化粧品は薬事法によって一定の基準が設けられているため、プチプラであっても安全性が高いと言われています。

しかし実際、わたしたちのほとんどは安い化粧品よりも高価な化粧品を使った方が高い満足度を感じます。

それは、化粧品が単に皮膚の状態を繕うだけでなく、使うことによって気分がよくなったり自信がもてるようになったりと、気持ちの面でも高めてくれる効果があるからです。そのため高価な化粧品の場合、高いお金を出したことで化粧品によって内側から高められている、という感覚をより感じやすくなり、満足するのです。


私は、このように気分が上がることも化粧品選びに重要な要素だと考えています。

実際に私もクレンジング、化粧水など、ほとんどはドラッグストアで売っているような安いものを使っていますが、クリームは少し高額なものをデパートで購入し、変化をつけています。

もちろん使用してかぶれなどの肌トラブルが起こるような化粧品は論外ですが、毎日使う化粧品だからこそ、気持ちよく使えるものが一番。

使用したときのフィーリングもぜひ考慮して選んでみてくださいね。

Step 14

# オールインワン化粧品は「ゆらぎ肌」の強い味方。

化粧品の中には、化粧水・乳液・美容液・クリーム・UVクリームと1つで何役も果たしてくれる「オールインワン化粧品」という商品があります。

基本的には油分でできたクリーム状のものですが、その中に保湿成分や美白成分などを配合することで化粧水や美容液の働きを補っている、「何でも屋」というイメージです。

ただ、一言で保湿と言っても、化粧水と乳液・クリームではその役割は同じではないことはお話ししましたね。そのため、オールインワン化粧品よりも、化粧水や乳液、クリームを単体で使った方が保湿の観点からは効果的ではあります。

しかし、オールインワン化粧品は、朝時間がない、スキンケアにかける時間をなるべく抑えたい、という方には非常に使い勝手のよいものだと思います。ご自分の生活スタイルに合わせて選ぶとよいでしょう。

オールインワン化粧品には向いている方とそうでない方がいます。まず、肌質チェックで脂性肌や混合肌だった方。先にお話ししたように、これらのタイプの方はコンディションに合わせて乳液を省略したり、部分的に化粧品の使い方を分けた方がいい場合があります。そのため、オールインワンのメリットをあまり活かせないことが多いです。

次に乾燥肌の方。

オールインワンのメリットを一番活かせるのは肌の調子が悪い時、いわゆる「ゆらぎ肌」の状態です。「ゆらぎ肌」は医学用語ではありませんが、一般的にバリア機能の低下によってちょっとしたことで刺激を感じやすい状態を言います。

乾燥肌の方はこの「ゆらぎ肌」になりがちなのですが、オールインワン化粧品を使えば、調子が良い時はそれだけでおしまい、使用後にまだ少しカサカサする場合はさらに乳液やクリームを付け足す、という対処ができるので便利です。

普通肌の方の場合は、オールインワン化粧品は比較的使用しやすい商品であると言えます。

しかし一点だけ、注意していただきたいことがあります。それは、オールインワン化粧品を使ってかぶれなどの肌トラブルが発生したときです。

その場合、どの成分がトラブルの原因か特定できないため、商品そのものの使用を中止しなくてはいけません。

さらに、再び一から化粧品を揃え直さなくてはいけないため、コストがかかります。これは実は私も経験があるのでよく分かるのですが、とても悲しいです。

反対に、化粧水、乳液、クリームと別々に使用している場合は、それぞれパッチテストをしてその中のどれが原因かはっきりさせることができるため、トラブルが発生してもそれだけ使用を控えればいいので、金銭的被害は小さく済みます。

私のように悲しい思いをしないためにも、オールインワン化粧品を購入する前には、可能であれば数日分のサンプルをもらってトラブルがないことを確認することをおすすめします。

Step 15

# 「コラーゲン」配合の化粧品は保湿成分としてなら期待できる。

化粧品の成分として気になるものというと、コラーゲンが挙げられるのではないでしょうか。

「肌がプルプルになる」というイメージで一世を風靡《ふうび》しましたね。

しかし、肌にコラーゲンを塗っても効果はない、という話も聞きます。真実はどちらなのでしょうか。

真偽を考える前に、コラーゲンとは何かについて知っておきましょう。

コラーゲンは皮膚の真皮層にある、皮膚に弾力を与えるタンパク質ですが、実は皮膚だけでなく、関節や血管、骨など身体の様々な部位に存在しています。

全身のタンパク質のおよそ30％がコラーゲンでできていると言われており、その中でも皮膚には最も多くのコラーゲンが存在します。

では、コラーゲンを肌に塗れば弾力が増し肌がプルプルになるのか、という話ですが、残念ながら、そうはなりません。

コラーゲンはかなり大きい（分子量が大きい）タンパク質なので、基本的に皮膚の外から中に入っていくことはできません。例えるなら、鼻の穴にスイカを入れようとするようなものです。

最近では、「ナノコラーゲン」などと言って、通常のコラーゲンよりも小さなコラーゲンが皮膚の奥まで浸透する、と謳った化粧品も多く出回っています。「ナノ」と言われるといかにも進化した感じがしますし効果があるように聞こえます。

しかしそういったコラーゲン成分でも、化粧水と同じでせいぜい角層0・02〜0・03ミリまでしか入ることができません。

つまり、コラーゲンが存在する真皮に届くことはなく、残念ながらコラーゲン入りの化粧品でハリのある肌になることはできないのです。

しかし、コラーゲン入りの化粧品は極上肌に全く効果がないのかと言うと、そういうわけではありません。

コラーゲンは、保湿成分としてバリア機能を正常にしてくれる効果があります。

コラーゲンは「肌にハリを与える」というイメージがとても強いですが、コラーゲンがコラーゲンとして効果を発揮するわけではなく、あくまで「肌をしっとりさせる」ことが本当の役割なので、惑わされないようにしてくださいね。

Step 16

# ピーリングは効果的。だけどホームケア用は「別物」。

ピーリングを行うことで、余計な角質を取り除き、タマゴのような肌が手に入れられる、そんな話を聞いたことがある方もいらっしゃるでしょう。

ピーリングとは、酸性のピーリング液を肌につけることによって分厚くなった角層を剥がし落とすことを言います。

ピーリングはどんな人におすすめかと言うと、まずニキビに悩まれている方。

ニキビはご存知の通り、アクネ菌という皮膚常在菌による皮膚の慢性炎症疾患ですが、最初に毛穴がつまることでアクネ菌が増殖します。そこでピーリングで分厚い角層を除去すると、毛穴のつまりが解消されるため、よい適応になります。

また、ピーリングによってターンオーバーが促進されます。それにより、シミの原因になるメラニンの量が減り、真皮ではヒアルロン酸やコラーゲンが増加するため、シミやくすみ、小ジワにも効果があります。

ただし、ピーリングによって先述のような効果がもたらされるのは皮膚科で行う場合のみです。

基礎化粧品のコーナーをみていると、ピーリング効果のある化粧水や洗顔料が売られていることがありますね。

ですが、家庭用のピーリング化粧品液というのは、病院で使われるものと濃度が全く違います。ピーリングはある程度強い液でないと効果がありません。ピーリング液を効かせる深さも異なります（図参照）。

そのため、ピーリング化粧品では、一時的に肌のテクスチャーは改善しても、毎日使用するなど使い方を誤ると、皮膚バリアを低下させてしまいます。

特に、アトピーや敏感肌の方は注意が必要です。肌のごわつきが気になったからと、さっぱりとした仕上がりを求めてピーリング成分配合の化粧品を使ったばかりにさらに刺激感が強くなり、湿疹を作ってしまう方がいらっしゃいます。

気持ちはとても分かりますが、安易に手を出さない方が賢明です。

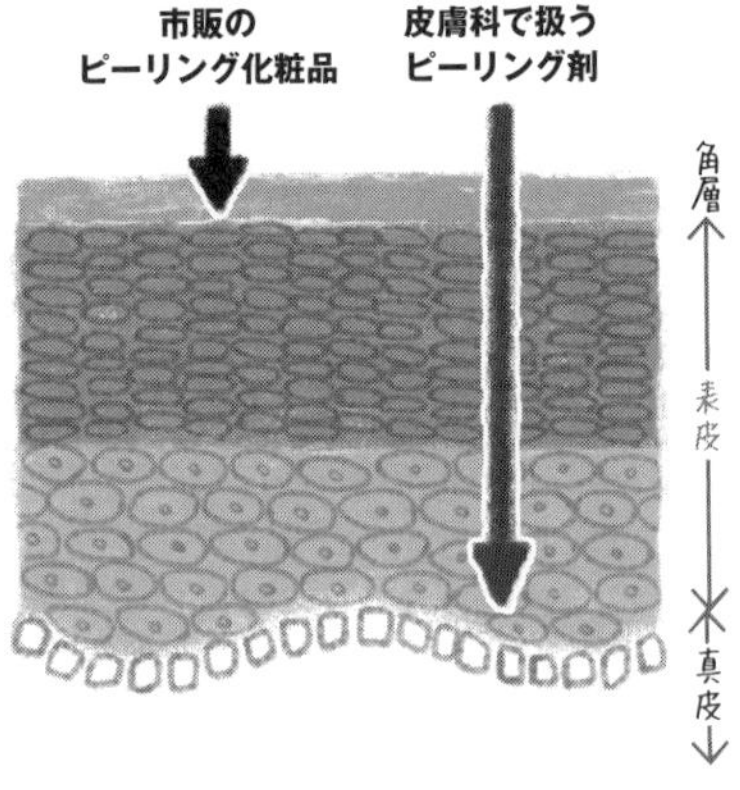

最近、海外製の高濃度ピーリング化粧品を購入して自宅で試している人をSNSなどでよく見かけます。見てみるとグリコール酸30%程度とクリニックと同じくらいのレベルのピーリング剤で、顔が真っ赤になったり皮が剥けるのが「SNS映え」すると人気のようです。

皮膚科で行うレベルのピーリングは人によって数日は赤ら顔になったり、ヒリヒリとした刺激を感じたりする場合もあります。そういう方は弱いピーリング液を使うなどの調節が必要です。海外製のピーリングはご自分の肌に合っているかは分かりませんし何かトラブルになっても全て自分の責任です。ピーリングの効果を求めるならば、医師の判断のもと、適切なタイミングで適切な濃度のピーリング液で行うべきだと思います。

ピーリングは保険外治療になってしまいますが、最近では一般の皮膚科でも広く取り扱うようになり値段も手頃になってきています。

特に冬場ではターンオーバーが低下し、肌がごわごわしがち。そんなときにもピーリングは有効です。ピーリングに興味をお持ちの方は、一度皮膚科で相談してみるといいでしょう。

Step
17

# 「レチノイド」は
# 極上肌の強い味方。

レチノールってご存知ですか？

ここ数年化粧パックやクリームなどに「レチノール配合」を謳う化粧品が増えてきています。

レチノールとはビタミンA（レチノイド）の一種です。

ビタミンA（レチノイド）にはレチノールの他にレチナール、レチノイン酸（トレチノイン）、パルミチン酸レチノールなどの形態があります。

いずれもメラニン色素を排泄させるとともに、線《せん》維《い》芽《が》細《さい》胞《ぼう》に働きかけてコラーゲンやヒアルロン酸を増やす効果があり、シミやシワ・たるみ、ニキビ痕を改善します。

さらに、保湿力を高める、ターンオーバーを整える、深部の血流も改善するなど、極上肌やアンチエイジングケアの強い味方なのです。

レチノイン酸はレチノールと比較してその作用が強力

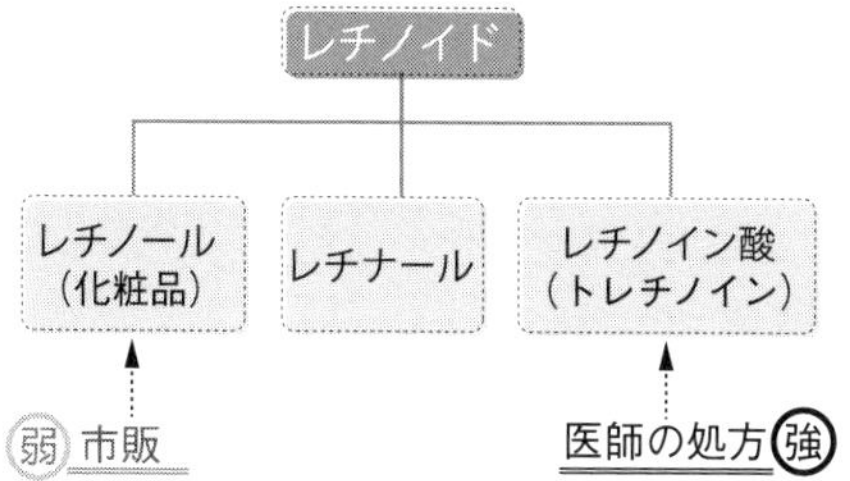

であるため、医薬品として医師の処方が必要になります。効果は高い反面、皮剥けや刺激感などの副作用も出現しやすいため、敏感肌の方や肌トラブルがある方の場合、低い濃度から始めるなど注意が必要です。

皮膚科で処方されるレチノイン酸については、保険が利かないためクリニックで多少の差はあるものの、おおよそ1ヶ月分（約10ｇ）で２０００～５０００円程度です。

反対にレチノール配合の化粧品は処方箋なしにお店で購入することができます。

一番多く見かけるのはレチノールが配合されたアイクリームです。目元は小じわが目立ちやすいため、レチノールの効果を最も感じやすい部位。最近ではドラッグストアでもレチノール配合のアイクリームが比較的お求めやすい価格で手に入れることができるようになりました。

また、化粧品会社も改良を重ね、レチノールをナノ化してより肌に浸透するよう商品を研究していたり、レチノールの濃度がステップ別になっていて副作用をより感じにくいものもあります。レチノール化粧品の選択肢がここ数年で随分と増えてきた印象です。

ちなみに、レチノイドは、以前より様々な論文で効果が実証され、広く認知されている成分ですが、コラーゲンやヒアルロン酸を増やす効果がある成分として、他にもペプチドや成長因子（ＥＧＦやＴＧＦなど）、ナイアシンアミドなどが挙げられます。

スキンケアでできることには限界があるとは言え、化粧品を使って気軽にエイジングケアできるのは嬉しいですよね。エイジングサインが気になりだしたタイミングで上手に取り入れるといいと思います。

# Chapter 2

# 肌をキレイにする「食事」

Step
18

# スキンケアよりも「生活習慣」のほうが肌に与える影響は大きい。

私たち皮膚科医が扱う教科書には、まず冒頭に「皮膚とは全身の鏡である」ということが書かれています。

つまり、皮膚は目に見える臓器で、身体の内部の色々な状態や病気が皮膚の変化として現れてくるのです。

時には内臓がんの存在が皮膚の状態から分かることだってあります。病気だけでなく、ストレスや自律神経の乱れでも容易に皮膚の状態は左右されます。

極上肌のためにスキンケアをしっかり行うことはもちろん大事ですが、それ以上に、生活習慣を見直すことが肌のためになります。

良質な睡眠はとれていますか？

食生活はどうですか？

外食や出来合のものばかりではありませんか？

ストレスが溜まってはいませんか？

周りの人との人間関係は良好ですか？

日々体を動かしていますか？

運動不足になっていませんか？


中には不可抗力な要素もあるかもしれません。

しかし、食生活や睡眠などは工夫次第で質を高めることが可能です。

化粧品だけで肌がきれいになるわけではない、まさに「美は1日にしてならず」ですが、お金をかけて高い化粧品を買うよりも、食事や睡眠にその分お金を投資した方が、効果は間違いなく大きいのは事実です。

当たり前のようなことですがとても大事なことなので、ぜひ心の中にとどめておいてくださいね。


本章では、肌に良い食事についてご紹介し、次章では肌のために取り入れたい食事以外の生活習慣についてみていきたいと思います。

ひとつひとつはとても手軽なものが多いので、是非試してみてください。そうすれば、あなたの肌は今よりももっときれいになっていきます。

身体の中から、極上肌を目指していきましょう！

Step 19

# 自分の体に何が効くのかは「腸内細菌」に聞く。

ここ数年、「腸内フローラ」という言葉を聞くことが増えてきました。

これは、腸の壁面に細菌が群生している様子が花畑のようであったことからつけられた呼び方です。そして、この腸内フローラが、健康や美容に重要な役割を果たしていることが分かってきたのです。

「腸内フローラを整えて美肌になろう」というような宣伝文句を聞いたことがある方もいらっしゃるのではないでしょうか。

しかし、この腸内細菌は1000もの種類があって、その構成には個人差があり、ひとりとして同じ腸内環境はありません。

ストレスに効く菌、ダイエットに効く菌など種類が違えば効果も異なるため、同じ食事をしても人によってその効果が異なることもあります。

つまり、「腸内フローラを整えて美肌になろう」というような宣伝文句の食品を摂取したとしても、誰もがその効果を同じように得られるわけではないのです。

例えば大豆イソフラボン。大豆イソフラボンは女性ホルモンであるエストロゲンのように働き、肌への血流を高めたり、コラーゲンやヒアルロン酸の生成を促したりすることで肌を美しくする効果があります。そのため昔から「美肌になりたければ大豆イソフラボンを食べよう」と雑誌などで広く言われています。

しかし、実際は大豆イソフラボンがそのままの形で効果を発揮するわけではなく、腸内細菌によって「エクオール」に変わることで初めてエストロゲンのような働きができるようになります。

このエクオールを産生する腸内細菌は、残念ながら全員が持っているわけではありません。

つまり、エクオールを産生する腸内細菌を持っていない人がいくら大豆イソフラボンを摂取しても、極上肌には効果がないということになってしまうのです。

同じように、肥満に関係すると言われるファーミキューテス門がどれくらい生息しているか、なども人によって異なります。

納豆などの発酵食品や食物繊維など、腸内環境を整える食事により腸内細菌の割合も変化すると言われています。

ですから、まずは自分の腸内細菌を知る、ということも極上肌への近道のひとつだと思います。

今では、腸内の細菌を調べるキットなどがインターネットでも売られており、私も以前、エクオールを産生する腸内細菌がいるかどうかキットを使って検査をしたことがあります。その結果は「陽性」。そうしたら大豆イソフラボンをもっと気をつけて摂ろう、と意識も変わってきましたよ。

キットなどで調べるまでしなくとも、しばらく続けてみて効果が感じられないようでしたら、他の食品を試してみる、というのも十分有効なやり方です。

Step 20

# 美腸習慣は、自分に合うヨーグルトとケフィアでつくる。

ヨーグルトは、みなさんよくご存知の発酵乳製品で、腸の働きを整えることで知られています。

若い女性でも、「ヨーグルトを積極的に摂っています」という方はとても多いです。ですが前項でお話ししたように、腸内細菌は個々人によって様々。ヨーグルトも、どれを食べても効果がある、というわけではないので注意が必要です。

通常、ヨーグルトには1、2種類の乳酸菌やビフィズス菌しか含まれていません。そのためメーカーが「うちのヨーグルトに入っている○○菌は花粉症を改善します」といくら謳っていても、効果がある人とあまりない人が出てきてしまうのです。

1つの種類のヨーグルトを、例えば1週間続けてみて、お通じや花粉症がどう変わったかを比べてみてください。調子がいいな、と思ったものが自分に合っているヨーグルトです。

もう1点、ヨーグルトと言えば朝食、というイメージがありますが、実はヨーグルトの美腸効果が最も高まるのは「夜」。それは、腸内細菌は夜に活動が盛んになるためです。

夜ご飯の後のデザートに、またはお風呂上がりに1杯のヨーグルト習慣、私も実践しています。


ロシア発祥の発酵乳製品に、「ケフィア」というヨーグルトの仲間があります。

味はヨーグルトの酸味をやや強くした感じですが飲みやすいです。

最近アメリカなどでも、このケフィアをスーパーなどでよく目にします。

ケフィアのよいところは、ヨーグルトと違って数種類の乳酸菌に加え、酵母やビフィズス菌、酢酸菌など複数の種類を発酵していること。そのため、より総合的な美腸効果が期待できます。


ケフィアは日本では、残念ながらヨーグルトのような形では売られていません。

しかし、ケフィアを自宅で作る「タネ」が様々なメーカーから売られています。

私も試したことがありますが、通常の無調整の牛乳にケフィアのタネを入れて一定時間放置するだけ。とても簡単です。

ヨーグルトに加えてケフィアを取り入れた新しい「美腸習慣」、みなさんも試してみませんか。

Step
21

# 肌の老化現象を抑える
# キーワードは「ＡＧＥ」。

突然ですが、次の項目のうち、当てはまるものはいくつありますか?

□早食いである
□どんぶりが好き
□朝食を抜くことが多い
□甘いものや清涼飲料水をよく摂る
□野菜はあまり食べない
□タバコを吸う・過去に吸っていた
□体の関節が硬い
□お酒が好き
□いびきをよくかく
□運動はあまりしない

これは、糖化度のチェック項目です。
これらの10の項目のうち、5個以上当てはまったら要注意レベルです。

「糖化」とは何かと言うと、身体の中に取り込まれた「糖」が、タンパク質と結びついて変性する現象です。

糖化は結果として、ＡＧＥ（advanced glycation end products）という有害な老化物質を作り出すことになります。

ＡＧＥは「糖まみれになって劣化した、機能の落ちた老化タンパク」のことで、この老化物質が皮膚のコラーゲンなどのタンパク質を変性して、肌の弾力を失わせてしまうのです。

そうなると、もうお分かりですね、シワやたるみができてしまいます。ＡＧＥはアンチエイジング、ひいては極上肌の敵です。

また、ＡＧＥは肌だけでなく、心血管系病変やメタボ、アルツハイマー病など様々な疾患と関連があると言われています。女性の場合、不妊や更年期障害にもＡＧＥが関わってきます。糖化は百害あって一利なし、とみていいでしょう。

糖化反応が促進されてしまう食事には、いくつかポイントがあります。

まず、血糖値の激しい上昇が起こること。

炭水化物やスイーツ、清涼飲料水などの糖分は、摂取後すぐに血糖値を上昇させるため、甘いものの食べ過ぎや食事において最初に炭水化物を食べることは糖化にとってはよくありません。

次に、糖が血管内で余ること。

素早く食べられるどんぶりや早食いの人は糖の消化がおいつかず、糖が血管内で余りがちに。糖化を防ぐにはゆっくり、よく噛んで食べることが大切です。

実は糖化反応による老化現象というのは、すでに20代から始まっていることが分かっています。そして近年、見た目の年齢は「AGE年齢」に相関する、という事実が明らかになりました。

AGEは一度作られるとなかなか排泄されないという特徴があります。そのため、20代から少しずつ、しかし確実にどんどん身体の中に蓄積されてしまいます。

早めにAGEを溜めにくい生活習慣を実践する方と、そうでない方では将来の見た目に大きな差が出てくるため、ぜひAGEを溜めにくい生活習慣を心がけましょう。

Step 22

# アンチエイジングな調理法
# 「低温調理」で
# AGE対策をしよう。

ＡＧＥを溜めにくい調理法をご紹介しましょう。それは、「低温調理」です。

低温調理法はフランス発祥の調理法で、一言で言うと、お肉や魚を通常よりも低い温度（45～65度くらい）で調理すること。

なぜ低い温度かと言うと、お肉などのタンパク質は温度によって変性を起こし、一定の温度を超えると硬くパサパサになってしまうためです。

先日、フランスの一流レストランで修行したシェフを題材にした映画を観たのですが、その映画では、「低温調理法」は、主人公の訳ありのシェフが数年間現場を離れていた間に進化した分子ガストロノミー（科学的な調理法）として紹介されていました。

低温調理でなぜＡＧＥ対策ができるのかと言うと、焼いたり揚げたりすると、同じ食材でもＡＧＥがより多く作られてしまうからです。

そのためＡＧＥの点からすると、茹でたり蒸したりする方がベター。

低温調理は「蒸す」ことと似ており、ＡＧＥを生成しにくい調理法になるのです。

ＡＧＥとアンチエイジングの関係性について、医学的な見地から徐々に明らかになるにつれ、低温調理法が「アンチエイジングな調理法」として注目を集めつつあります。

映画では低温調理は一流レストランで使われる画期的な調理法として紹介されていましたが、家庭でも行うことが可能です。

具体的には、食材をジップロックなどのプラスチックの袋に入れて真空にし、調理します。

真空にすることで効率的に均一に熱が伝達されてジューシーになり、それと同時に食品の風味やうまみは密閉しているためそのまま保つことができます。

本来は温度計を使ってタンパク質が変性しない温度（食材によって異なりますがお肉であればだいたい65度）に到達しないようにする必要があります。

沸騰した鍋の上に食材を置き、蒸すように調理するのも1つの手です。

ジップロックに食材を入れて低温調理を行う場合は火加減に注意し、こまめに撹拌《かくはん》してください。

他にも、ローストビーフを作るときに表面を焼いてからアルミ箔で覆って放置するやり方があります。

これも低温調理を応用したやり方の1つ。直接お肉を加熱せず、予熱を利用することで、低温で調理することになるわけです。

また、炊飯器の予熱モードを使って豚の角煮や蒸し鶏を作るレシピもインターネットで検索するとヒットします。

低温調理は様々なレシピに活用することができます。

私のおすすめは低温調理で下茹でをして作る鶏の唐揚げとサーモンのソテー。

唐揚げは、最後に揚げるときにはすでに熱が通っているため短時間で済み、AGEも使う油もぐっと減らすことができます。

サーモンもレストランでしか食べられないような、身がほぐれるジューシーな食感を楽しむことができます。あなたもぜひアンチエイジングかつ美味しい低温調理法を試してみてください。

## 低温調理で作る鶏の唐揚げ

（1人前：カロリー304kcal、タンパク質33.4g、脂質14.7g、炭水化物6.6g）

**材料（1人前）**

鶏もも肉（皮は取って食べやすい大きさに切る）……150g

A ┌しょうゆ……20ml
  └にんにく（すりおろし）……1かけ

塩こしょう……少々

片栗粉……適量

揚げ油（我が家ではグレープシードオイルを使用）……適量

**○作り方**

1 もも肉に軽く塩こしょうで下味をつける。10分程度たったらジップロックにもも肉、Aを入れる。

2 鍋に湯を沸かし、およそ62℃前後になったら1のジップロックを鍋に入れ、空気を逃がしながら封をする。とろ火～弱火でときどきかきまぜながら30分～1時間低温調理を行う。

3 鍋を火からおろし、ジップロックからもも肉を取り出す。もも肉に片栗粉をつくかつかないかくらいの加減でまぶす。

4 180度程度の揚げ油の中に3を入れ、表面の色が変わったら取り出し、塩こしょうで味を調える。

# サーモンソテー・ブロッコリーソース

（1人前：カロリー248kcal、タンパク質11.5g、脂質19.9g、炭水化物2.5g、食物繊維1.1g）

**材料（1人前）**

サーモン（皮つき）…………………… 50g
オリーブオイル……………………… 大2
ブロッコリーソース
- ブロッコリー……………………… 50g
- 生クリーム………………………… 15ml
- ホワイトビネガー……… 大さじ1/2
- 白ワイン（なければ酒）… 大さじ1/2
- 塩こしょう………………………… 少々

**○作り方**

1 サーモンに塩こしょうで下味をつけ、ジップロックにオリーブオイルを入れて、その中に投入する。

2 鍋に湯を沸かし45℃前後になったら**1**を中に入れ、空気を逃しつつ封をする。とろ火でかきまぜながら約30分、低温調理を行う（温度を50℃近くまで上げてからジップロックを投入し、鍋の蓋をして30分放置してもよい）。

3 その間にブロッコリーを塩ゆでしておき、フードプロセッサーにソースの材料をすべて入れて軽く撹拌する。その後塩こしょうで味付けする。

4 サーモンをジップロックから取り出し、皮面のみ軽くソテーする。お皿にソテーしたサーモンとソースを添えてできあがり。

Step 23

# 「タンパク質」と「身体に良い脂質」を摂って肌の保湿効果を高める。

よく雑誌などで「美肌に効果があるメニュー」が紹介されています。内容としては、ビタミンC・Eなどのビタミン類や食物線維を多く含むメニューが多い印象です。みなさんも一度は目にしたことがあるでしょう。そういった影響で、野菜やフルーツ、最近では発酵食品などが肌にいいイメージとして定着しています。間違ってはいません。しかし、他に忘れてはならない、日本人女性が不足しがちな栄養素があります。それは「タンパク質」と「身体に良い脂質」です。

おさらいですが、極上肌の「バリア機能」に欠かせないのが「保湿」でしたね。皮膚の表皮が水分を保持するためには、大きく2種類の物質が関係しています。1つはフィラグリンというタンパク質で、これはターンオーバーの途中で分解され、非常に重要な水分保持成分である天然保湿因子（NMF）に変化します。そしてもう1つは表皮細胞の間にある脂質（角質細胞間脂質）で、これにより皮膚のバリア機能をさらに強化します。

つまり、肌の保湿にはNMFの元になるアミノ酸、つまり「タンパク質」と、「脂質」の摂取が欠かせないのです。

「脂質」を「身体に良い脂質」としているのは、お肉に多く含まれる「飽和脂肪酸」は癌のリスクがあり、老化に関しても悪影響を及ぼすため、そのような脂質は避けてほしいからです。

また、サラダ油は家庭でも馴染みのある油ですが、オメガ6脂肪酸であり、摂りすぎることで老化やアレルギーを悪化させる「炎症」を引き起こすことが報告されていますのでこれもおススメできません。

摂っていただきたいのは、オリーブオイルに代表されるオレイン酸（オメガ9脂肪酸）や、亜麻仁オイルなどに多く含まれるDHAといったオメガ3脂肪酸です。

「油＝太る」というイメージがいまだに強く、野菜をドレッシングなしで食べる方をたまに見かけますが、オリーブオイルなどの身体に良い油と一緒に摂取することで野菜に含まれるビタミンAなどは吸収率がアップします。

成人女性の平均的な摂取カロリーを1700キロカロリーとして計算すると、脂質は40グラム前後、オメガ3脂肪酸は2グラムが目標摂取量とされています。

タンパク質は、右記と同様に計算すると、1日に55～85グラムが必要です。（「日

本人の食事摂取基準（2020年版）」より計算）

ちなみに卵1個につきタンパク質はおよそ7グラム、豆腐1丁で20グラムです。意外に必要量のタンパク質が摂れていない人も多いのではないでしょうか。

タンパク質は「量」、脂質は「質」できちんと摂取するようにしましょう。

タンパク質と良質な脂質を摂れる食材として、「サーモン」をおすすめします。サーモンは1切れ約100グラムのうちにタンパク質約20グラム、オメガ3脂肪酸を約3・2グラム含むとても栄養価が高い食材。これを私は低温で調理しては色々なソースを組み合わせていただいています。我が家では多いときは週に1回は登場するレシピです。

この他にも、高野豆腐、ささみ、オートミールなどが高タンパク質でかつ飽和脂肪酸が少ない食材として我が家では重宝しています。それもなかなか難しい、という方はプロテインパウダーも1つの手です。最近では乳清（ヨーグルトの水のこと）から作られたホエイプロテインだけでなく、大豆由来のプロテインパウダーも多く見かけますので、お好みのプロテインパウダーを選んでみるのも楽しいかもしれませんね。

Step 24

# コラーゲンは5グラム以上
# 摂れるならば、
# 肌のハリに効果あり。

スキンケアの章でもコラーゲンについてはお話ししましたが、コラーゲンは化粧品だけでなく、コラーゲンドリンク、コラーゲン鍋など食品でも人気です。最近、私の父がコラーゲン入りのビールを飲んでいてとても驚きました。

コラーゲンがより身近に摂取できるようになってきていますが、実際食べ物からコラーゲンを摂取することは肌のハリなどに効果があるのでしょうか。

口から摂取したコラーゲンは、胃でコラーゲンペプチドという形に分解されて、腸で吸収されます。

それから血液で身体のあちこちに届き、届いた先の局所で何らかのシグナルを出すことで新しいコラーゲン細胞を作っているのではないか、と考えられています。

コラーゲンは、肌だけでなく関節など全身に存在するため、摂取したコラーゲンが肌だけに届くわけではありません。

そのため、これまでは食べ物でコラーゲンを摂取しても肌にコラーゲンとして効果を出すことは無理だ、というのが多くの医者の見解でした。

しかし最近になって、大量のコラーゲンを摂取すれば少しは肌にコラーゲンとして届き、効果を発揮するのではないか、という意見もあり、実際に実験でコラーゲンペプチドとして1日5グラム以上摂取した場合、肌のハリなどが改善した、という報告もありました。

一般的に、コラーゲンペプチドは食材ではほとんど存在せず、サプリメントやドリンクの形で売られています。通常の食事で5グラム以上のコラーゲンペプチドを摂ることはまず無理です。

それではサプリメントではどうでしょうか。コラーゲンペプチドの含有量はメーカーによって異なりますが、1日の推奨摂取量はおよそ2グラム前後（6〜9粒）となっていることが多いようです。

1日5グラム以上と考えると、この量ではあまり摂っても意味がないことになります。しかしそうかと言って、推奨量の2〜3倍量のサプリメントを飲むのはお金もかかるし大変だと思います。

サプリメントはどの種類でもそうですが、長期にわたって服用し続けなければ意味がありません。経済的な負担がかかるとその分続けることが難しくなり、結局意味がなかったということにもなりかねません。

コラーゲンをサプリメントで補ってきちんと効果を出したければ、商品のラベルをきちんと読んで、どれくらいのコラーゲンを含んでいるか、そしてどれくらいコストがかかるかをあらかじめ知っておく必要があるでしょう。

Step 25

# 「シミ」はゴマ入りスムージーで予防する。

私も20代の頃は日焼けを気にせず海やプールに行くことがよくありました。若いうちは身体の回復が早いから、ちょっとくらい焼けたって大丈夫と思っていたのです。

しかし、30歳を過ぎてから少しずつ、顔に小さなシミを見つけることがあり、紫外線対策は20代からしっかりやらなくてはいけなかった、と反省しました。

シミ対策は早いうちから始めることが大切ですね。

シミの形成は、老化と慢性の紫外線暴露《ばくろ》によって、徐々に皮膚細胞（ケラチノサイト）にダメージが蓄積されることから始まります。

これがシミの原因となるメラニンという色素を作るメラノサイトを刺激し、メラニンが沈着していくことでシミになるのです。

美白剤はこのメカニズムのいずれかに働きかけることで効果を発揮します。ですが、美白剤だけでなく、食べ物でもシミ対策を行うことができます。

シミには、次のものが有効とされています。

○紫外線のダメージを軽減する「抗酸化作用」がある食材
↓ポリフェノール、ビタミンC、ビタミンE、Bカロチン
○ダメージを受けた細胞を除去するためにターンオーバーを促進させる食材
↓ビタミンC、ビタミンE、ビタミンB1・B2、ナイアシン、葉酸
○メラニンを排出する効果がある食材
↓ビタミンE

ご覧の通り、要約するとシミに効果がある栄養素は「ビタミンC・E、およびポリフェノール」に集約されます。

ここで、私のおすすめの食材をご紹介します。

それは「ゴマ」です。

まず、ゴマはビタミンEを多く含んでおり、メラニン排出効果があります。さらにセサミン、アントシアニンといったポリフェノールの1種も含まれています。

ゴマには白ゴマ、黒ゴマとありますが、黒ゴマの方がよりポリフェノールを多く含みます。

ゴマの高ポイントな点は、どんな料理にも使いやすいことです。ご飯にかけたり、ゴマ和えにしたり、スイーツに使ったり……。ゴマは煎った後に擂《す》る方法が、最も効率的に栄養が吸収される状態だと言われています。1日に大さじ1、2杯を目処に摂るといいでしょう。

私のゴマを使ったおすすめのレシピは、バナナとココア、黒ゴマを使ったスムージーです。豆乳やヨーグルトで割って作ってみてください、とても美味しいですよ。

ちなみにスムージーはヘルシーな朝食として近年人気ですが、セロリ、キュウリ、柑橘類に含まれる「ソラレン」は、紫外線により活性化され、シミなどの肌トラブル原因になる可能性があります。

これらの食材は、紫外線を多く浴びると予想される日などには避けた方が無難です。逆に紫外線を浴びた後には、抗酸化物質であるポリフェノールを豊富に含むベリー類を使ったスムージーがおすすめです。

Step 26

# 酵素配合食品では
# 減少した酵素を
# 補うことはできない。

美容分野はファッションと同じように流行があって、最近では酵素ダイエット、酵素ドリンク、酵素配合化粧品など「酵素」と名の付く商品が非常に人気です。

ですが、みなさん、そもそも酵素って何のためのものかご存知ですか。

身体では生命活動としての様々な反応が行われていて、これを効率よく行うために、反応ひとつひとつに決められた酵素が作用します。

皮膚の分野で例を挙げると、メラニンを作る反応にはチロシナーゼという酵素、コラーゲンを分解する反応にはMMP（マトリックスメタロプロテアーゼ）という酵素といった具合です。

酵素ダイエットや酵素ドリンクが効く、という言い分はほとんどの場合、「加齢に伴って身体の中の酵素は減っていくため、脂肪を燃焼する酵素や消化・代謝を促進する酵素を補いましょう」というもの。

これはウソです。

なぜなら、先ほどお話ししたように、1つの反応に対応する酵素は1つだから。

酵素商品に含まれる酵素のほとんどは植物由来の酵素ですが、体内に入ったところで、脂肪を燃焼したり消化・代謝を促進するといった反応に対応する酵素になることはないのです。

さらに言うと酵素はタンパク質でできているので、摂取した酵素はアミノ酸に分解されてしまい酵素という形では存在しません。

医学でいう「酵素」と、酵素関連商品の「酵素」は、全く違うものと考えてください。

酵素配合の化粧品についても同じです。化粧品である以上、酵素が届くのはせいぜい角層まで。

角層には天然の保湿成分を作るための「カスパーゼ」や「ブレオマイシン水解酵素」といった酵素が存在します。

これらの酵素が増えれば、確かに肌の保湿力はアップすることが期待されますが、化粧品中の酵素が角層に浸透したところで全くの別物なので何の反応も起こりません。

それどころか、酵素配合の化粧品の中には、タンパク質を分解する作用をもつ酵素を含むものもあります。

肌の表面の角層はタンパク質からできているので、この場合角層を破壊し、傷つけることになります。

「酵素は身体にいいだろう」というイメージだけで安易に使うと、かえって肌にダメージを与えることになってしまうのです。

巷で見かける「酵素」商品には少し注意してくださいね。

Step 27

# 朝は卵を食べて
# 朝食時差ボケから脱しよう。

「健康のために朝ご飯をきちんと食べましょう」ということは昔からずっと変わらず言われ続けていますが、まだまだ朝食を摂らない人は少なくないようです。

ですが、朝食を摂らないと、健康だけでなく肌にも良くない影響があるので、できれば朝食は摂りましょう。

具体的に、朝食を食べないとどのような影響がでるかというと、まず体重が増えます。

朝食を摂らない人は、その分昼以降の摂取カロリーが増える傾向があります。たとえ、同じ摂取カロリーであったとしても、朝食をしっかり摂った方が消費カロリーが上昇することが分かっており、朝食を摂らない場合の方が体重が増えてしまうのです。

さらに、朝食を摂らないと朝以降の食事の時間帯が乱れやすくなり、それに伴い体内時計も乱れる傾向にあります。朝食を食べない人は夜型になり、自律神経も乱れやすくなります。

これを「朝食時差ボケ」と言うこともあります。

朝食時差ボケになると、遅い時間に食事をすることが増えます。私もそうですが、夜遅くに食べたくなるものってカップラーメンやポテトチップスみたいな高カロリーのものが多いですよね？　その上睡眠時間が短くなり、このことも肥満をさらに助長させてしまいます。

睡眠不足は、極上肌の敵です。ターンオーバーが乱れ、血流も滞りやすくクマやくすみの原因になります。

結果的に、朝食を抜くことは肌にも悪影響を与えることになります。やはり朝食はダイエットにも極上肌にも必要なのです。

それでは、具体的に朝食に何を食べたらよいでしょうか。

手っ取り早いフレークやグラノーラ？　フルーツ？

私のおすすめは、卵を中心とした高タンパク質な朝食です。

タンパク質には食欲を抑える効果があり、これまでの報告では、25～35グラムほどのタンパク質摂取が体重減少につながったと言われています。

卵は、以前は血中のコレステロールを上げてしまうため、たくさん食べてはいけないと言われていました。しかし、研究により1日に1、2個の卵を摂取しても血中のコレステロール値には影響を与えないことが分かってきたのです。

卵1個に含まれるタンパク質はおよそ7グラム。これを例えば2個とささみを加えてオムレツを作ってみたり、和食であれば卵焼きやゆで卵で召し上がってみてはいかがでしょうか（ちなみに卵料理の中では、目玉焼きがAGEの高いメニューです）。

納豆やヨーグルトなど他の食材を組み合わせれば、25グラム程度のタンパク質を無理なく摂取することができますよ。

朝食を摂ることが習慣になってくれれば、あなたの体内時計は朝型にシフトし、夜の過食や睡眠不足も解消して、いい極上肌サイクルに入るでしょう。

それに朝時間に余裕があることは気持ちの面でも清々しいもの。さっそく「朝食時差ボケ」から脱してみましょう。

Step 28

# アメリカで話題のアンチエイジングフード「フムス」を取り入れる。

流行の先端を行くアメリカ。アメリカで流行りのコーヒーチェーン、ハンバーガーショップ、パンケーキレストランなど、日本に入ってくるものはどれも大変な注目を集めています。

しかし、健康面ではアメリカはまだまだ理想的とは言いがたく、健康に気を遣う人と、ジャンクフードばかり食べている人の間で二極化が進んでいるのが現状です。

ですが、最近では、若者の間で高級なレストランで食事をするよりもオーガニックスーパーなどで食材を買って自炊する人が増えてきているそうで、アメリカでもヘルシー志向が浸透してきています。

そんなアメリカのオーガニックスーパーでは、最近「フムス」をよく目にします。

フムスとは、ヒヨコ豆にゴマやオリーブオイルなどを加えてペースト状にした中東の伝統料理で、ヒヨコ豆は女性に不足しがちな、極上肌に不可欠な栄養素「タンパク質」を豊富に含むことからセレブの間で人気です。

もともとは野菜にディップするかパンに塗って食べるのが一般的な食べ方でしたが、最近ではカカオやピーナッツバターなどで作ったフムスをデザートとしてクラッカーにつけたりして食べるのも人気です。

ヒヨコ豆は日本でも缶などの形で売られていますが、あまり馴染みのない方も多いのではないでしょうか。

ましてやデザートにヒヨコ豆ってどんな味かいまいちピンとこないですよね。

しかし、ヒヨコ豆はタンパク質が豊富なだけでなく、食物繊維やカルシウムなども含む非常に栄養価の高い食材なのです。

フムスを私たちの舌にも合うようにアレンジしたヒヨコ豆のデザートレシピをご紹介したいと思います。

それは、ヒヨコ豆を使ったチョコレートフムスです。

材料をフードプロセッサーで混ぜるだけなので、とても簡単でかつカロリーオフのヘルシーデザート。

さらにアレンジを加えて、材料を混ぜてオーブンで焼くだけの、チョコレートブラウニーも美味しくておススメです。

使う食材もほとんど同じなので、両方作ってみても楽しいですね。

しかも、カカオは紫外線によるダメージを軽減したり、シワの形成を抑制する効果があることが分かっています。

タンパク質と併せて摂れば極上肌の強い味方に。ぜひ一度、おすすめの「デザートフムス」を試してみてください。

# ヒヨコ豆のチョコレートブラウニー

(10等分：カロリー131kcal、タンパク質5.5g、脂質5.9g、炭水化物16.3g、食物繊維2.9g)

**材料(18cmパウンドケーキ型)**

ヒヨコ豆……………………… 1缶(400ｇ)
卵…………………………………… 3個
カカオパウダー……………………… 50g
メープルシロップ…………………… 80ml
牛乳………………………………… 大さじ2
ベーキングパウダー………… 小さじ2
バニラエッセンス…………… 小さじ1
ダークチョコレート(刻む)
またはチョコレートチップ……… 50g

**○作り方**

1 ヒヨコ豆を洗って水を切る

2 すべての材料をフードプロセッサーで混ぜる

3 180度に予熱したオーブンで20～25分焼く

＼ POINT ／

低カロリーかつ高タンパクのスイーツメニュー。
豆を使っているとは思えないほど味は普通のチョコレート風味で罪悪感なく美味しくいただけます。

# チョコレートフムス

（1人前：カロリー592kcal、タンパク質21.9g、脂質11.8g、炭水化物101.3g、食物繊維14.6g）

**材料（1人分）**

ヒヨコ豆……………………… 1缶（400g）
カカオパウダー……………… 大さじ2
メープルシロップ…………………… 80ml
バニラエッセンス…………… 小さじ1
塩…………………………… ひとつまみ

**○作り方**

1 ヒヨコ豆を洗って水を切る

2 すべての材料をフードプロセッサーで混ぜる

＼ POINT ／

クラッカーやフルーツなどをディップして気軽に食べられる極上肌レシピ。
冷蔵庫で一週間程度保存も可能です。

Step 29

# 美肌のためにとり入れたい
# 調味料がある。

極上肌を作るのに欠かせない食生活。もちろんバランスのとれたヘルシーな食事が望ましいのは誰でも簡単に想像できると思いますが、実際に「ヘルシーな食事」を実行することは難しいですし、家で料理しようと思っても気がついたら同じメニューでマンネリ化しがちですよね。

そんな時に簡単に取り入れられるのが調味料。味に変化をつけられるだけでなく簡単に酸化・糖化ストレスケアを取り入れることができます。

一番のオススメは、「パプリカパウダー」。パプリカは唐辛子の仲間で、カプサイシンを多く含有していますが、辛みはなく、ビタミンやミネラルも多く含んでいます。特にビタミンAに関しては宝庫と言っても過言ではなく、抗酸化作用も期待できます。また、カプサイシンには血糖上昇の抑制やインスリン抵抗性の改善といった抗糖化作用があることも分かっています。つまり、酸化・糖化ケア、いずれもできる優秀食材なのです。

色々な料理に手軽に取り入れられるのも魅力です。例えばカレーにプラスしたり、魚やチキンをグリルする前に下味をつけたり。揚げ物のトッピングにパプリカパウダーを少しふりかけると彩りもアップします。

他にも、最近アメリカでは「ターメリック（うこん）」の効果が注目されています。

ターメリックに含まれるクルクミンは、強力な抗炎症・抗酸化作用があります。

アンチエイジングフードとして、スクランブルエッグなどの卵料理やローストした野菜に加えたり、スープに加えたりとアレンジできるレシピはたくさんあります。

日本ではターメリックと言えばカレーのイメージが強いですが、意外とどんな料理にも合わせやすいのもターメリックの魅力です。

ターメリックに含まれるクルクミンは約3％と非常に少ないですが、ブラックペッパーを一緒に使うことで吸収率が20倍にアップすると言われています。

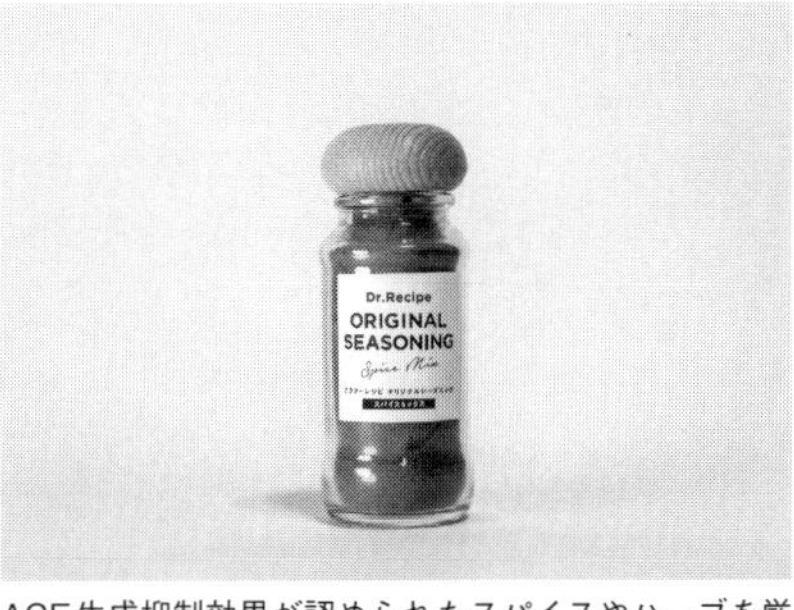


AGE生成抑制効果が認められたスパイスやハーブを厳選、ブレンドした、糖化ケアできる「かける美容スパイス」。パプリカがベースでお肉や魚はもちろん、揚げ物にも相性抜群です（写真：ドクターレシピ　オリジナルシーズニング　スパイスミックス、35g、1800円＋税）

ぜひターメリック数ふりと共にブラックペッパーも一緒に使いましょう。

同じ抗炎症作用のある「しょうが」と併せても美味しいですよ。

もうひとつ、息が臭くなることで嫌厭《けんえん》されがちな「にんにく」も美容効果があります。にんにくのシステインは毛包を活性化することで薄毛に効果があると言われています。日本でも最近黒にんにくが人気ですね。風味アップや食欲増進にもなるにんにくを、炒め物やスープなどに積極的に取り入れてみてはいかがでしょうか。

最後におすすめしたいのは「シナモン」です。シナモンには抗酸化作用があり、美容効果が高いスパイスのひとつです。さらに1日120ミリグラムの摂取で血中のコレステロールが下がることも分かっています。

シナモンパウダーが1ふりでおよそ0・1グラムなので、2ふり程度でオッケー。

ミルクティーやココアなどのドリンクやリンゴなどのフルーツに少し付け足すのはもちろん、トーストやヨーグルトにプラスしても美味しく、朝食の幅も広がります。

ぜひ試してみてください。

Step 30

# 敏感肌やアトピーには、保湿力を高め、抗炎症作用のあるレシピを。

敏感肌やアトピーの方を一番悩ませるのは、おそらく乾燥とかゆみですよね。乾燥が起こってしまうのは、表皮の「バリア機能」が低下してしまうからです。すると外界からの刺激を受けやすくなり、かゆみを感じやすくなってしまうのです。

ですから、バリア機能の低下を補ってあげる必要があります。

低下したバリア機能を補うためには、スキンケアとして保湿を行うことも当然必要ですが、食事からもケアをすることができます。

①保湿力を高める
②抗炎症作用がある

この2つを念頭に置いた食事が大切です。

まず、保湿力を高める栄養素をご紹介します。それは「タンパク質」「ビタミンC」「オメガ3脂肪酸」です。

タンパク質が肌の細胞間の「NMF（天然保湿因子）」の元となることは先に述べ

たとおりですが、他に、研究で乾燥に有効と報告されているものにビタミンC、オメガ3脂肪酸があります。

特にオメガ3脂肪酸にはダイエット効果や抗炎症作用など様々な効果が分かっているため、積極的に摂りたい栄養素です。

次に、抗炎症作用のある栄養素です。

先ほど挙げたオメガ3脂肪酸の他に、腸内環境を改善する栄養素がキーとなってきます。腸内環境が改善すると炎症が抑制され、アトピーなどのアレルギー症状が改善すると言われています。

腸内環境を改善する主なものは「食物繊維」「発酵食品」「オリゴ糖」です。おすすめは、納豆にキムチなどの発酵食品やめかぶなどの海草類をプラスして食べること。お手軽な腸内環境改善メニューになります。

また、野菜で迷ったときは抗酸化作用のあるブロッコリーやカリフラワーなどの花野菜、トマト、ピーマン、アボカドなどがおすすめです。

これらの栄養素を効率よく摂取できる朝食メニューがあります。抗酸化作用の高いフルーツにヨーグルトをかけた、その名も「朝食ボウル」。私はいつもはこれに卵料理でタンパク質をプラスしています。

「朝食ボウル」のポイントは豊富なオメガ3を含むフラックスシード。フラックスシードは非常に酸化しやすく加熱に弱い性質があるため、食べる直前にゴマすり器で砕いています。

フラックスシードが手に入らない場合はオメガ3脂肪酸を多く含むウォルナッツ（くるみ）でも代用できます。

そして、お手軽にできるおかずも。サバの水煮缶とキムチを使ったレシピです。ご飯をプラスしてどんぶりにしてもＯＫ。マッシュルームを加えれば食物繊維も摂取できます。

# サバとキムチの炒め物

(1人前:カロリー439kcal、タンパク質32.6g、脂質17.3g、炭水化物34.6g、食物繊維2.4g)

**材料(1人分)**

サバの水煮缶…………………… 1/2缶
キムチ……………………………… 50g
マッシュルーム…………… 1/4パック
豆腐………………………………… 1/4丁
しょうゆ……………………… 大さじ1/2
鶏ガラスープの素(あれば) 小さじ1/2
サラダ油…………………………… 適量
ごま油………………………… 小さじ1
三つ葉(あれば)…………………… 少量

**○作り方**

1 フライパンにサラダ油を熱し、5ミリ幅に縦切りしたマッシュルームとキムチを炒める

2 1にさばの水煮を汁も含めて加え、さらに食べやすい大きさに切った豆腐も加える

3 しょうゆ、鶏ガラスープの素を加え、全体になじむまで炒める

4 ごま油を加え、最後に三つ葉を添えて出来上がり

# 朝食ボウル

（1人前：カロリー164kcal、タンパク質6.2g、脂質5.3g、炭水化物25.3g、食物繊維4.8g、ビタミンC113mg）

**材料（1人分）**

ヨーグルト（無糖、あればギリシャヨーグルト）……………… 適量
キウイ……………… 1個
いちご……………… 6個
フラックスシード………… 大さじ1/2

**◯作り方**

1 器にヨーグルトを入れる

2 1にその他の材料を入れる。好みのベリーやグラノーラなどを追加しても可

＼ POINT ／

ポイントはすりつぶしたフラックスシード。
豊富に含まれるオメガ3脂肪酸がビタミン、タンパク質とともに極上肌に貢献します。

Step 31

# 水分をきちんと摂取することがターンオーバーの正常化につながる。

モデルが、美の秘訣として水を毎日2リットル以上欠かさず飲んでいる、という話をよく耳にします。

そのため「水をたくさん飲むと美容やダイエットに効果がある」というイメージが広く浸透していますね。

ところで、水を飲むだけで、本当にそんな効果が得られるのでしょうか。なんだか不思議な感じがしますよね。

でも、水を飲めばキレイになる、というのは確かに理にかなっているのです。

なぜなら、水分をきちんと摂取することは血流を改善し、肌のターンオーバーが正常に行われることに一役買うからです。

反対に、水分が不足すると肌に十分な血流が行き届かず、くすみがちの肌になってしまいます。

さらに、水を飲むとおよそ10分後から代謝が約2~3割アップし、水を飲むだけで30カロリー前後が消費されることが分かっています。

ですから、水分をしっかり摂ることは、肌の面から見ても、ダイエットの面から見ても有効なのです。

では、どれだけの水を飲めば極上肌になることができるのでしょうか。

私たちに必要な水分摂取量は、個人差が大きいものの女性の場合、1日約2・5リットルと言われています。

水分は食事からも1リットルほど摂取されるため、水としてはおよそ1・5リットル前後摂取することが推奨されます。十分な水分を摂取するためには、普段の生活にプラスコップ1~2杯が望ましいとされています。身体を動かした1日ではさらにたくさんの水分摂取が必要です。

特に朝起きた後や食事の前のタイミングに1杯の水を飲むことは、ダイエットにも効果的です。


ところで、モデル達が飲んでいるのは、水は水でもミネラルウォーターが取り上げられることが多いですね。このミネラルウォーターと水道水は何が違うのでしょう。

ミネラルウォーターの「ミネラル」とは、カリウムやナトリウム、カルシウム、マグネシウムなどの栄養素の総称で、私たちが生きる上で不可欠なもの。

そのうちカルシウムとマグネシウムを多く含む水は硬水に、少ない水は軟水に分類されます。

一時期「コントレックス」などの硬水を飲むと痩せると、モデルの間で流行になりましたが、残念ながら硬水が痩せるという医学的根拠はありません。

硬水に含まれるマグネシウムが便通を改善する効果があるためという説を耳にしますが、硬水を規定するミネラルは、一般的にカルシウムが多くの比重を占めていて、マグネシウムの量は硬水でも軟水でも大きな違いはありません。

ミネラルウォーターの一番の魅力は、その飲みやすさと手軽さだと思います。

習慣づけるためには、あまり水の種類にこだわりすぎず、自分が飲みやすいと感じる水をチョイスすることがポイント。

レモンを搾ったりベリーを入れたり変化をつけるのもいいでしょう。

# Chapter 3

# 「生活習慣」で肌は変わる

Step 32

# 入眠3時間後の睡眠は どんな化粧品よりも効果的。

高い化粧品やエステに頼らなくとも、タダで極上肌になれる「あること」があります。

それはずばり「睡眠」です。

なーんだ、そんなことかと思った方は睡眠の力を侮っている方ですよ。

睡眠中には、肌の調子を整える「成長ホルモン」が分泌されます。

このホルモンには、日中に受けた紫外線や乾燥などのダメージを修復したり、肌に血流と共に栄養を運ぶことでターンオーバーを促進したりする効果があります。つまり私たちの「極上肌ホルモン」なのです。

極上肌ホルモンである成長ホルモンの分泌を促す時間、つまり睡眠の「ゴールデンタイム」は、入眠後3時間と言われています。

ゴールデンタイムは22時から2時の間、と言われていたときもありましたが、実際に22時に就寝することは少し現実的ではありませんよね。

入眠後3時間と言われるのにはちゃんとした理由があります。

睡眠にはサイクルがあり、まず浅い眠り（レム睡眠）から始まり徐々に深い睡眠

（ノンレム睡眠）に入り、また浅い睡眠（レム睡眠）に戻ります。

このサイクルが約1時間半と言われていて、極上肌ホルモンである成長ホルモンは深い眠り（ノンレム睡眠）のときに多く分泌されることが分かっています。

特に眠りが深くなるのは第2サイクルまでなので、入眠後3時間でいかに深い眠りにつけるかが最も重要なのです。

もちろん、睡眠時間も大切です。実際、睡眠時間は7時間くらいがベストだと言われます。

逆に、睡眠が不十分だと肌にはどの

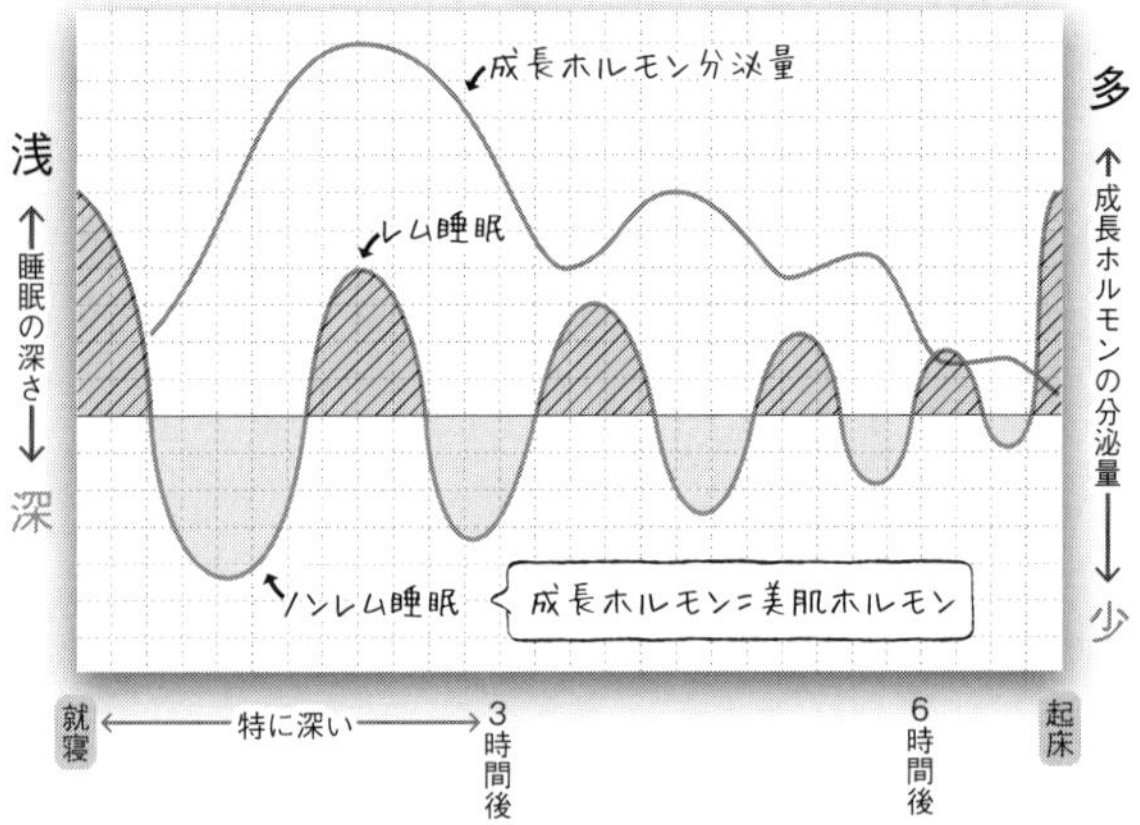

ようなことが起こるでしょうか。

まず、極上肌ホルモンである成長ホルモンが十分に分泌できなくなりますよね。それだけではなく、睡眠時に分泌される「メラトニン」も影響します。

メラトニンは最近の研究で抗糖化作用を持つことが分かり、アンチエイジングの領域で注目を集めているホルモンの1つです。

詳しく説明すると、メラトニンには糖化ストレスによって生成された老化物質であるAGEの分解を促進する効果があることが分かっています。さらに、血糖値を低下させる「インスリン」というホルモンを介さずに血糖値を下げる働きがあります。十分な睡眠によってメラトニンが適度に分泌されると、睡眠中の血糖変動も穏やかになり、食事による血糖値の激しい変動を抑えてくれるのです。

つまり、糖化ストレスを抑えてくれるメラトニンをきちんと分泌させるためにも睡眠は非常に重要なのです。

たかが睡眠、されど睡眠。だまされたと思ってこのタダの美容法を試してみてください。

Step 33

# 良い睡眠を得るために「パジャマ」を着て寝よう。

睡眠が極上肌にとても大事だということは分かっても、なかなか思うように十分な睡眠がとれないという人も多いと思います。

まずはこちらをチェックしてみてください。

□寝るときは動きやすいパジャマ？
□ベッドルームは遮光仕様？
□枕は合っている？
□お風呂は寝る直前に入っていない？
□寝る直前までスマートフォンをいじっていない？
□寝る前に水をたくさん飲んだりしていない？

睡眠に満足していない方は、まずは寝間着を見直してみてはいかがでしょうか。

最近はパジャマにこだわらない人が多いと聞きますが、「パジャマ」は汗の吸収や肌触りのよいガーゼや綿、冬用はフランネルの綿素材などでできているため、パジャマで寝る方が確実に身体にストレスが少なく良質な睡眠を得ることができます。

実際に、スウェットやジャージよりもパジャマで寝た方が寝付くまでの時間が短い、夜中の目覚め回数が減少するなど、睡眠効率が向上するデータが報告されています。可愛らしい部屋着もテンションが上がりますが、寝るときには、ゆったりしていて寝返りを打っても乱れない、昔ながらのパジャマが個人的にはおすすめです。

また、もちろん寝具の見直しも効果的です。枕は仰向けで寝た状態で起立時と同じカーブに頭と首を支えてくれるものが理想的です。低反発素材のものや、柔らかい素材がお好みであれば首の高さ約7センチを目安に選ぶといいです。

睡眠の質には光も大きく影響を与えます。蛍光灯やスマートフォンの光は眠りを促すメラトニンの分泌を妨げるため、寝る1時間ほど前からは照明を暗めにし、パソコンやスマートフォンはなるべくいじらない、いじるときは画面を暗くするなどの調節をしてみてください。カーテンも遮光にすると体内時計がリセットされやすく、睡眠の質がアップします。

時間の管理も重要です。

ひとつは食事の時間。食事が胃に残っている間は深い睡眠を得られないため、睡眠の少なくとも3時間前には終わらせるようにしましょう。寝る直前にアルコールや水分をたくさん摂るのもNGです。

ちなみに、食事に関して言うと、腸内環境を整えるとよい睡眠が得られるということがこれまでの研究で明らかになっています。具体的には牛肉や豚肉などの赤身肉や加工肉ばかり食べることは避け、海藻やきのこなどの食物繊維を積極的に摂ることを心がけましょう。寝る前にヨーグルトを摂取するのもおすすめです。

お風呂も、寝る直前ではなく2~3時間前に入った方が、寝付きがよくなります。

例えば0時に寝ようと思ったら、理想のスケジュールとしては19~20時には食事、22時までにはお風呂といったところ。観たいテレビ番組があれば、その時間も考慮してタイムマネージメントしましょう。

睡眠の質を上げる方法を色々ご紹介しましたが、突然変更するのは大変ですね。まずはお気に入りのパジャマを見つけることから始めてみてはいかがでしょうか？

Step 34

# 肌と健康のために必要なのは、週に90分以上の運動。

極上肌をつくるのに運動は欠かせません。なぜなら、ほどよい運動によって血流がアップし、肌細胞に必要な栄養分が行き渡りやすくなるからです。

すると、酸化ストレスなどによって身体でできた老廃物も血流によって排出されやすくなるため、健康的な肌の状態を維持することができます。


また、アンチエイジングにも効果的です。

肌は加齢によって厚みが変化します。表皮は分厚くなり、その下の真皮は反対に薄くなってコラーゲンなどのタンパク質が量も質も低下し、シワやたるみができやすくなります。

ですが、ある研究では、週に2回、30分程度のほどよい運動を継続することでこの皮膚の厚みの分布が変化し、60代の肌でも20〜40代の皮膚の状態になったという報告があるのです。

また、ある化粧品会社の研究では、体重当たりの筋肉量が多いほどシミが少なく、その原因として「マイオネクチン」というホルモン様物質が運動によって筋肉から血流にのって皮膚に運ばれ、メラニンの生成を抑えている可能性について報告され、運動の美肌効果は今、美容業界で大きな注目を集めています。

ところで、「ほどよい」運動とはどれくらいかと言うと、ランニングであれば、歩くか走るか、くらいの速度を30分程度で十分です。個人差はあるものの30分だと3～5キロくらい走ることになります。

台湾で行われた調査では、平均余命を延ばすためには1週間で約90分運動が必要であるという結果もでています。ですから、美容と健康のために、週に3日くらい走れると良いでしょう。

「運動」というとハードルが高いと感じる方も多いと思います。

何よりもお伝えしたいことは、運動は「習慣化」してしまうのが一番継続しやすいということです。運動は、必ずしもジムで筋トレしたりランニングをしなくてはいけないわけではありません。例えばウォーキングでもかまいません。

最近では、「インターバル速歩」という、早歩きとゆっくり歩きを3分目安に交互に行うことで、筋力を効率よくアップさせることができるウォーキング法が、ダイエットやアンチエイジングに効果があるとして注目されています。

特に糖化ストレスの観点からは、食後の血糖値が高い時に身体を動かすことが重要です。例えばランチの後、職場に戻る時は階段を使う、犬の散歩は食後にする、夕食後は食器洗いや掃除などの家事をして身体をこまめに動かすことで糖化ストレスを抑えることができます。

また、手っ取り早く、どこでもできる「スクワット」は、時間のない方におすすめです。

ゆっくり深呼吸をしながら行うスクワットは、自律神経を整えることで極上肌効果があり、さらに筋力を維持することで姿勢を若々しく保つことにも貢献します。

あなたの生活リズムに合わせて、肌のための週90分の運動を始めてみましょう。

Step 35

# 半身浴にデトックス効果はないが、適度な入浴なら極上肌に効果あり。

日本人はお風呂が大好き。半身浴が日課、という女性も多いのではないでしょうか。

半身浴は汗をかくので、「ダイエット」や「デトックス（解毒）」につながり、美容にいいと言われています。

ですが、残念ながら、半身浴にそのような効果はありません。そもそも発汗自体にはデトックス効果もダイエット効果もないのです。

様々な有害物質を取り込んではそれを排出させる機能があるのは主に肝臓と腎臓です。そして身体に不要な物質のほとんどは便か尿として出て行きます。

汗でもミネラルなどの成分が排泄されますが、その99・5％は水分。つまり、汗には解毒という意味でのデトックス作用はないに等しいレベルだということです。

汗はただ体温調節のためにたくさんかくのであり、汗をたくさんかけばその分身体の中の老廃物もたくさん排出される、というわけではないのです。

ダイエットについても同じです。半身浴の後では汗が出た分体重は減りますが、身体の中の水分が減ればそれを腎臓がキャッチし、尿の量を減らすことでまた体重を一定量に戻そうとします。

よく半身浴が代謝をアップする、と考えられていますが、血流はアップしてもダイエットになるほど代謝は上がりません。50キロの女性が30分半身浴しても、消費するカロリーは70キロカロリー程度で30分ウォーキングすることと変わりません。

身体のしくみは本当によくできているので、半身浴の後は体重が減ったからといって我慢せず、汗をかいた分、水分補給は必ずしてください。

さらに、急激に体温が上がって大量にかいた汗や、かいたまま放置した汗には注意が必要です。汗は本来、肌と同じ弱酸性ですが、これらの汗は比較的pHが高く、肌のバリア機能を損なわせてしまう可能性があります。

その上、そもそも入浴そのものが、乾燥を招き、肌にとってはマイナスです。入浴時、肌の一番表面にある角層は膨張し、このときにもともと肌にあった保湿成分が外に流出してしまうのです。

そうすると、今まで美容にいいと思っていた半身浴はまったく意味がなかったのか、と落胆してしまった方。いいこともあります。お風呂で血行がよくなって、じんわりと汗をかく程度の肌の状態は、角層の水分量が増加し保湿力が上がっている状態。この状態でスキンケアを行えば極上肌効果が期待できます。

そのため私が推奨する入浴法は、半身浴にこだわらずじんわり汗が出る適度な温度、時間で入ること。人それぞれ汗をかくスピードは違うため、ご自分のペースで気持ちいいバスタイムを過ごすことが、一番美容効果が高い入浴法だと思います。

また、乾燥を防ぐために入浴の際は入浴剤を入れることがおススメです。

実際に、さら湯（入浴剤なし）の場合と入浴剤を使用した場合ではお風呂から出てしばらくしてからの水分量に明らかな差が出ます。せっかくお風呂に入るなら、入浴剤があった方がスキンケアの点でも、リラックス効果の点でもベターなのですね。

注意が必要なのは、敏感肌やかゆみなどのトラブルがある場合です。アルカリ塩類の入浴剤ではpHがやや高く、肌のバリア機能の低下にさらに追いうちをかけてしまうことも。炭酸水素ナトリウム（pH7.9）を主成分とした無機塩類の入浴剤がおすすめです。

Step
36

# 日焼け止めはまず塗るタイプを。飲むタイプは上手に併用しよう。

シミだけでなく、シワやたるみの原因にもなる極上肌の最大の敵「紫外線」。正しい対策が必要です。

紫外線対策といえば、いわゆる日焼け止めが一番オーソドックスですが、最近ではUV効果の高い化粧下地もたくさん登場し、より生活スタイルやメイクに応じてUVケアも使い分けできるようになってきたと感じます。

しかし、選択肢が増えたことで、どれを使えばいいのかわからない！　という方もいらっしゃると思います。

日焼け止め（化粧下地）は、5～8月以外で普段の日常生活（散歩、通勤・通学、買い物など）においてはSPF15～40かつPA＋＋～＋＋＋程度あれば十分ですが、5～8月の紫外線量が高い季節や、海などのレジャー、屋外でのアクティビティなどではSPF40以上かつPA＋＋＋～＋＋＋＋くらいの日焼け止めが必要です。

ただし、UV効果が高い日焼け止めや化粧下地を使っていても、その数値だけで安心してはいけません。注意していただきたいのは日焼け止めの量です。ラベル通りの効果を発揮するためには正しい量を塗らなくてはなりません。

正しい量は、1平方センチメートル当たり2ミリグラムと言われています。これは、日本人の平均的な顔のサイズの場合、500円玉くらいの大きさになります。

実際は、ほとんどの方がこの1／2〜1／3程度しか塗っていないことが調査で明らかになっています。正しい量の半分の量しか塗っていない場合、紫外線のブロック効果は半減してしまいます。

実際に正しい量を塗ると、かなりベタつきます。4、5カ所にあらかじめ分けてから塗るといいでしょう。二度塗りも効果的です。

汗をかく夏場などは、日焼け止めをこまめに塗り直すことも大切です。スプレータイプの日焼け止めは化粧の上からでも使用できるので、上手に取り入れるといいでしょう。

また、飲むタイプの日焼け止めもあります。飲む日焼け止めは、日焼け止めクリームにありがちな塗りムラを防いだり、目などのクリームが塗れない部位にも効果が発揮できるメリットがある他、何よりも手軽にUVケアができる点が魅力です。

しかし、紫外線量の多い夏場やリゾートなどでは、飲む日焼け止めだけでは不十分で、日焼け止めをしっかり塗った上での服用が推奨されます。

飲む日焼け止めにはいくつか種類がありますが、いずれも紫外線により発生するフリーラジカルを無毒化し、炎症を抑える作用（抗酸化作用）を持つ、植物由来の有効成分が配合されています。それだけでなく、ビタミンCやEなどの他の抗酸化成分も配合されていることが多いです。

すでに国内外で広く販売されており、これまで有害な副作用というものは特に報告されていません。安全性については問題ありませんが、妊婦の方は服用できないので注意してください。

飲む日焼け止めと塗る日焼け止めを併用して、お互いのデメリットをカバーしながら紫外線対策を行いましょう。

Step 37

# 洗濯回数が多いUVグッズは、ワンシーズン使い捨てと考える。

日本人女性にとって「美白」は美しくあるための永遠のテーマ。少しでも日焼けしまいと、皆さん、日焼け止めクリームだけでなく様々なＵＶケアグッズを所有しています。中でも、日傘を愛用される女性は多いのではないでしょうか。

日本では夏に見られる当たり前の光景ですが、海外では日傘を差している人はまずいません。ある意味日傘を差す女性というのは日本の夏の風物詩かもしれませんね。

日傘選びで重要なのは、まず紫外線を通過させにくい厚手の生地であるということ。そして黒や濃紺などの色であること。それだけで90～95％のＵＶカット率を発揮することができます。

さらにＵＶカット加工といって、生地の表面に樹脂加工を施すことで、数％ＵＶカット率がアップすると言われています。

しかし、日傘を差しているから紫外線対策は大丈夫、と安心してはいけません。せっかくＵＶカット率99％の日傘を差しても、アスファルトなどの地面が紫外線を反射する、いわゆる「照り返し」や、サイドからの紫外線が無視できません。およそ50％程度の紫外線量を浴びていると言われています。

また、日傘の色が濃ければ濃いほど早く色あせてきます。色あせるとその分UVカット効果は落ち、UV加工も取れてしまいます。使う頻度にもよりますが、数年での買い替えが必要です。

それが面倒な方は、少し高額になりますが、最初からUVカットの素材で作られた「UVカット素材」の傘がいいでしょう。永久に効果が続くわけではありませんがUVカット加工のものよりずっと長持ちします。

UVカットウェアも同じで、ユニクロなどの安価なUVカット加工のウェアは、着る度に効果が低下していきます。ワンシーズンで10回以上洗濯する場合は、もったいない気もしますが、毎年買い替えた方がベターです。

スポーツメーカーなどの商品の中には、素材そのものがUVカット素材のものもありますよ。

車によく乗る方は、ドアガラス（横のガラス）からの紫外線にも気をつけましょう。

通常、フロントガラスにはUVカット加工がされており、90％以上のUVカット率のものがほとんどですが、ドアガラスについてはフロントガラスとは構造が異なり、多くは70％前後のUVカット率にとどまります。

日本車の場合、運転中は常に右からの紫外線にさらされることになりますので、露出部は特にケアが必要です。

ちなみに、すっぴんで出かける際にマスクで顔を隠す方がいらっしゃるようですが、マスクだけではUVカットはできませんので、外出時は他のUVケアグッズを併用するようにしてください。

また、短時間（数時間）の使用であれば問題になることはまずありませんが、1日中同じマスクを着用したり、同じマスクを何度も着用することは、皮膚に悪影響になる菌がマスク内で増殖し、肌荒れなどのトラブルにつながることがあります。1度外したマスクは捨てた方がいいでしょう。

UV対策商品は万能ではありません。こまめな買い替えと、隙間対策にも気をつかいましょう。

# Chapter 4

## 皮膚科的観点から見る
## 「肌のお悩み解決法」

Step 38

# 唇の荒れには
# リップクリームよりも「ワセリン」を。

わざわざ唇の荒れだけで皮膚科に足を運ぶ人は少ないですが、何かのついでに唇の荒れを訴える患者さんは実に大勢いらっしゃいます。

中にはリップクリームをしょっちゅう塗っているのに荒れてしまう、と相談される方も。女性の身だしなみの中で唇が気になる方はとても多いようです。

唇は皮膚が非常に薄く、バリア機能も低いため特に乾燥しやすいパーツ。保湿といっても食事などによってしょっちゅう使うため、リップなどをつけてもすぐに取れてしまいます。

保湿成分が入ったリップクリームはガサガサした唇に有効なアイテムですが、実際には力強く塗ってしまっている方がほとんど。残念ながらデリケートな唇にはかえって乾燥を招く結果になってしまいます。

リップを力任せに塗る以外にも、多くの人がやってしまっていることがあります。それは唇をむやみに触ったりなめたりすることです。

特に、唇の皮がめくれたとき。めくるとそのときはきれいになった感じがしますよね。しかしこれもただ唇のバリア機能を自ら壊しているに過ぎません。

唇はターンオーバーがとても早く、およそ1週間前後と言われています。皮がめくれた「かさぶた」という状態は、ターンオーバーが終わって新しい皮膚に脱皮する一歩手前の状態。唇の場合、あと数日といったところです。ここでかさぶたをめくってしまうと、またかさぶたを作る過程に戻らなくてはならず、非常にもったいないことです。

皮をめくりたい気持ちはとてもよく分かりますがあと少し、踏ん張りどころなのです。

つまり、唇のケアには保湿以外に、摩擦を加えたり触らないことがとても重要です。そこで役に立つアイテムが、「ワセリン」です。

ワセリンはほとんどが油分でできており、それ以外に何か特別な有効成分が入っているわけではありません。しかし保湿効果があり、塗ったところから水分が蒸発するのを防いでくれます。

ホイップクリームでケーキのデコレーションをするイメージで、たっぷり塗るのがおすすめです。

また、ワセリンは見た目もべたっとした感じで肌に塗るには少しベタつきが気になるという方も多いのですが、それがかえって唇を触らせにくくする効果もあります。

ワセリンは夜だけでなく日中も使用可能です。ワセリンを塗った上にグロスや口紅を塗るのであれば、化粧も問題ありません。

最後に、意外に見落としがちなのが唇の紫外線ケア。唇が荒れていないときでも、紫外線のダメージによって荒れてしまうこともよくあります。

乾燥する冬に唇ががさがさしやすい印象が強いですが、実は夏も紫外線のダメージを無視できません。

特に、紫外線の強い時期や山などのレジャーには唇用にSPF／PA配合のリップを携帯するようにしてくださいね。

Step 39

# 大人ニキビには「生活習慣の見直し」と「適度な保湿」が有効。

ある意味、思春期の象徴的存在である「ニキビ」。私も、高校生のときに大きなニキビができることが多く、それを隠そうと必死になっていたのを覚えています。

そんな憎きニキビですが、大人になってからもできることがあります。よく吹き出物と呼ばれますが、ニキビも吹き出物も同じものです。

そもそもニキビとは、アクネ菌などの菌が皮脂をえさに増殖して毛穴を塞ぎ、炎症をもたらすことでできる皮膚の慢性炎症疾患です。このメカニズムは思春期ニキビも大人ニキビも同じなのですが、背景がやや異なってきます。

思春期ニキビの場合、思春期特有のホルモンバランスの乱れ（男性ホルモンの分泌が多くなる）によって皮脂の量が増えることが主な原因と言われています。

一方、大人ニキビの場合はストレスや不規則な生活、食生活の乱れ、間違ったスキンケアなど様々な原因が重なってできることがほとんどです。

皮脂の分泌量は30代から徐々に低下してきます。それだけでなく、水分を保持する機能も低下します。そのため、今までスムーズに行われていた皮脂の排出がうまくできなくなり、毛穴に角栓という蓋ができることがあります（これを面皰《めんぽう》＝コメドと言います）。つまり、大人ニキビの場合は乾燥が原因になることもあるのです。

このように背景が異なれば、対処法も異なるべきです。

思春期の場合はホルモンバランスが関係しているため、なかなかコントロールするのは難しいことが多いのですが、大人ニキビの場合は、まずは生活習慣の見直しが重要になります。私の場合も大人ニキビができるときは、決まって寝不足が続いたときや外食などで夜遅く食べる日が続いたときです。

次にスキンケアですが、よく皮脂を除去すべくニキビに対しては1日に何回も洗顔する、という話を聞きますがその必要はありません。むしろ、過剰に皮脂を取り除くと逆に皮脂の分泌量が増えるという悪循環にはまってしまいます。洗浄は普段通り、朝と夜の2回で十分です。

たまにニキビの部分を避けて保湿クリームを塗っている方を見かけますが、きちんと保湿クリームを使って適度に保湿してあげる方がベターです。ただ明らかに肌が脂っぽい状態の場合は、乳液かクリームのどちらかのみにした方がいいでしょう。

このとき「ノンコメドジェニックテスト済み」と書かれたものが望ましいです。「ノンコメドジェニックテスト」とは、その化粧品を皮膚につけたときに、ニキビの元となるコメドが現れるかどうかを試すことで、ニキビを生じにくい製品かどうかを評価する試験のことです。ただし、「ノンコメドジェニックテスト済み」だからといって、全ての人にニキビができないわけではありません。

また、市販のニキビ薬は主に殺菌剤、イオウ、消炎剤などがミックスされているものがほとんど。殺菌剤はニキビの原因となるアクネ菌に対して効果がある一方、病院で処方される抗菌薬よりも皮膚に対するダメージが強いため、長期間の使用はおすすめできません。

ニキビ対策を間違えたやり方で行って炎症を悪化させると「炎症後色素沈着」として痕が残ってしまいます。ニキビが軽いうちに使用するのはいいですが、数日から1週間使用しても効果が乏しければ、皮膚科を受診した方が賢明です。

最後に、ニキビを自分で潰す方が意外に多くいらっしゃいます。ニキビを指で触ったときにぷくっと触れるのは面皰の中に炎症による膿《うみ》が溜まっているためですが、慣れていない人がいじるとかえって炎症が悪化してしまいます。

皮膚科で膿を出すために特殊な道具で圧出することがありますが、そのときは必ず滅菌されたものを使います。むやみにいじるのはやめましょう。

Step
40

# ニキビ痕はいかに早く炎症を抑えるかが肝心。

現役のニキビも嫌なものですが、ニキビ痕も気になってしまいますよね。

ニキビ痕には大きく分けて2種類あります。

ひとつは窪んで陥凹《かんおう》したタイプ（萎縮性瘢痕《いしゅくせいはんこん》）、もうひとつは隆起したタイプ（肥《ひ》厚性瘢痕《こうせいはんこん》）です。

その他、できたニキビが完全に消えず、茶色くシミみたいに残ってしまったいわゆる「炎症後色素沈着」もニキビ痕と言うことがあります。

炎症後色素沈着は、ニキビの炎症が起こした一時的なメラニン反応の名残なので、基本的にターンオーバーを繰り返す過程で半年くらいで少しずつ薄くなり、最終的に消えてなくなります。

そのため、基本的には何もしなくて問題ありません。

ですが、少しでも早く治したい、という方は皮膚科でビタミンC、Eを処方してもらうといいでしょう。また、アダパレン（ディフェリンゲル）などといったレチノイド製剤も有効です。

ニキビの炎症が広範囲であったり長期間続いたりした場合、皮膚の深い部分にも炎症が波及してしまい、通常のターンオーバーでは完全に薄くならないこともあります。

その場合はビタミン類に加えてハイドロキノンといった美白剤をおすすめします。また、ケースバイケースですが要望に応じてはシミを取るときに使うQスイッチレーザーといったレーザー治療を施行することもあります。

そうではない、陥凹や隆起してしまったニキビ痕については、残念ながらこういった塗り薬では治すことはできません。

最近では、通常よりも強いピーリング剤を使用したケミカルピーリングや、フラクショナルレーザー、ダイオードレーザーといったレーザー治療を、保険外治療になりますが行っているクリニックもあります。

このような治療でニキビ痕を改善することは可能ですが、それでもニキビ痕を完全になかったことに、というレベルにすることは難しいです。

ニキビ痕になりやすい体質というのもありますが、そのような方は特に、ニキビができてしまったときにいかに炎症を早い内に治してニキビ痕になるのを防ぐか、ということが重要です。ニキビができたときは自己流で治そうとせずに早めに皮膚科に行きましょう。

ひどい状態のニキビでいらっしゃった患者さんの中には、市販の洗顔料でなんとかなると思った、自然治癒すると思ったと、何年も無治療のままの方が意外とたくさんいらっしゃり、驚きます。

ニキビの薬も、以前は抗菌薬くらいしか保険で出せるものはありませんでしたが、先ほどのアダパレン（ディフェリンゲル）や過酸化ベンゾイル（BPO、ベピオゲル）のような抗菌以外のアプローチによる治療薬も処方されるようになりました。皮膚科によるニキビ治療の幅は増えてきているのです。

皮膚科に行くには少し大げさかな？　と思うようなニキビでも、自己流で済ますのは私たち皮膚科医からすると少々危険です。

Step 41

# 小鼻が赤くなってしまうのは摩擦が原因かも。

冬に、寒いところから暖かいところに移動すると、一番鼻が目立って赤くなりますよね。それは鼻に血管が集中しているためです。嗅覚は脳に直結しており、これを司る鼻の周りには多くの細い神経や血管が発達しているのです。

ですが、左右の鼻のふくらみ、いわゆる「小鼻」の周囲が気温に関係なく、常に赤い場合があります。

せっかくファンデーションを塗っても、小鼻が赤いとそこだけ目立つ気がして気になってしまいますよね。

小鼻が赤くなってしまうのには、いくつか考えられる原因がありますが、そもそも血管が多い場所なので、もともと皮膚が薄い方や色が白い方は、体質的に赤みが出やすいです。

他の原因のひとつに「脂漏《しろう》性《せい》皮《ひ》膚《ふ》炎《えん》」という湿疹があります。脂漏性皮膚炎とは、皮脂分泌が活発な部位にできやすい、よく皮膚科でも見かける湿疹のひとつです。

皮脂の分解産物が皮膚に刺激になり、炎症を引き起こすと言われています。鼻だけ特に目立つ人もいますが、あたまやおでこも赤くなることが多いです。

治療としては、皮膚科でステロイド軟膏を処方したり、洗顔の指導を行ったりします。どちらかと言うと、若い女性よりも中高年の男性に多い印象です。

他に、毛細血管が通常よりも拡張して血流が増えることで、皮膚の表面から透けて見えてしまう場合があります。

ホルモンバランスや自律神経の乱れが影響していると言われていますが、有効な外用薬は残念ながらありません。

アルコールやタバコを避けるなどの生活習慣の見直しが中心になります。また、程度にもよりますが、ひどい場合は色素レーザーを使ったレーザー治療を行う場合があります。

そして若い女性でおそらく一番多い原因が、化粧やスキンケアによる肌への負担や摩擦でしょう。

例えば鼻をよくかむ、触る癖があるという方。また、クリームやファンデーションなどを小鼻のくぼみにぐいっとつい力を込めて塗っている方はいませんか？

これらの行為は肌に慢性的な刺激を与え、炎症を引き起こしている可能性があります。

私の場合、ファンデーションはパウダーを使っていますが、鼻には左右2回、すっと上から下に塗るだけです。

赤みを消したくて頑張ってコンシーラーやファンデーションで隠そうとすると、かえって赤みを増幅させてしまうことになるのですぐにやめましょう。

Step 42

# 毛穴ケアは
# まず基本的なスキンケアの
# 見直しを。

特に夏の時期になると、気になるのが顔の毛穴。

毛穴は人から見ればさほど気になりませんが、自分ではすごく気になるものですよね。

毛穴が目立つのには、いくつか原因があります。まず、皮脂の分泌が多いこと。そのため、もともと皮脂が多い脂性肌の人は毛穴が目立ちやすい傾向にあります。

しかし、実は乾燥によっても毛穴が目立つことがあります。それは肌の乾燥で毛穴の影が黒く見えるためです。

皮脂が多くても少なくても毛穴が目立つなら、どんなケアをすればいいのでしょう。先日、私の妹が「毛穴が気になる」と言って皮脂を取ろうとゴシゴシ洗顔しているのを見かけました。気持ちはとてもよく分かるのですが、これは逆効果。

皮脂を取りすぎたりゴシゴシ洗ったりすることで肌のバリア機能が低下し、乾燥状態になります。

すると、バリア機能が低下した肌を保護しようと皮脂がさらに分泌されるようになります。そのため、結果的にさらに毛穴が目立つようになってしまうのです。

同じく、間違ったケアのひとつに「毛穴パック」があります。

毛穴パックは、粘着性のある成分を毛穴の中に入れることで毛穴の汚れを取り除く仕組み。

毛穴でも皮脂が酸化して黒ずんでしまった場合、毛穴パックが黒ずみを除去してくれるため有効なのですが、そもそも毛穴に有効成分を入れる際に毛穴を開く必要があるため、毛穴は目立ちやすくなります。

毛穴パックを使った後はすっきりして気持ちいいものですが、医学的にはあまりおすすめできません。


毛穴ケアのポイントの1つは「頑張りすぎない洗顔」。

毛穴が気になろうがなかろうが、メイクに合わせた適切なクレンジングと泡を使って優しく洗顔することが大切です。

そして洗顔後はしっかり保湿をしましょう。脂性肌でニキビができやすい人は「ノンコメドジェニックテスト済み」の化粧品がオススメです。

また、毛穴が目立つ原因のひとつにたるみによるものもあります。30歳を超えてから少しずつ目立つようになった毛穴には、コラーゲンの再生を促すピーリングや高周波などの機器を使った美容施術が有効です。最近ではウォーターピーリングで角栓を取り除く施術も人気です。

化粧品では、レチノイン酸やビタミンC・E、ナイアシンアミドなどの成分が毛穴には効果的です。

ただし、忘れてはならないのはUVケアです。紫外線は皮脂の分泌を促進するため、毛穴が目立ちやすくなる原因となります。せっかくビタミンCの美容液を使っていてもUVケアがおろそかでは非常に勿体無いことに。

毛穴のケアでは、基本的なスキンケアにプラスαで美容液やクリニックでの施術を行うのが一番効果的だと思います。まずはスキンケアの見直しからしてみましょう。

Step 43

# てかり予防には
# ビタミンB2とB6を。
# 皮脂は取りすぎないように！

化粧をする女性とは切っても切れない関係の「肌のてかり」。

てかりの原因は言わずもがな「皮脂」ですが、乾燥肌の方でもてかりが気になる方は大勢いらっしゃいます。

どうしたら少しでもてかりを抑えることができるでしょうか。

まず、皮脂を取り除こうと一生懸命洗顔することはやめましょう。

肌へのダメージがバリア機能の低下、ひいては乾燥を招き、皮脂をさらに分泌させる結果となります。

洗顔は必要以上には行わず、なるべく肌への負担を減らすことが大切です。そして、十分な保湿をしてあげた方が皮脂の分泌を結果的に抑えることができます。

化粧品に問題がある場合もあります。

よくあるのが、高齢者向けのラインやアンチエイジング効果を謳った化粧品。こういった化粧品の中には、油分が自分の肌質に合った量以上に多いものがあります。

油分が多い＝保湿効果が高いということではありません。使用してからてかりが気になりだしたということであれば、それはその化粧品が合っていない可能性があります。

食事の面では、ビタミンB2およびB6が皮脂の分泌をコントロールするため、積極的に摂りたい栄養素です。

ビタミンB2はレバーやうなぎ、納豆、卵などに、ビタミンB6はレバー、まぐろ、かつおなどに多く含まれています。レバーは特に効果がありそうですが、こればかり食べるのは少し現実的ではないですよね。

これらの栄養素は、高タンパク質な食材を色々とまんべんなく摂取することで十分に補うことができるでしょう。

てかりは、化粧の油分と混ざると余計に目立ってしまいます。朝化粧をしても日中や夜にはてかりが気になって化粧直しが必要、という人も多いと思います。

このときに、あぶらとり紙を使うよりも、ティッシュで余分な皮脂をオフした方が肌に負担はかかりません。

それに、あぶらとり紙ですすと皮脂を取りすぎてしまい、皮脂分泌を促してしまう可能性もあります。ティッシュでそっと拭き取りましょう。

Step
44

# 目の下のクマは
# タイプ別のケアが必要。

朝起きたときに目の下にどんよりとくすんだ「クマ」ができているのに気づく。多くの人が経験したことがあると思います。

クマができると一気に老けて見えたり、疲れて見えたりするのでげんなりしてしまいますよね。

もともと「クマ」とは、歌舞伎独特の化粧法である「隈取《くまどり》」に由来していることはご存知でしょうか。歌舞伎で光と影を演出するために、目の下に線を入れたのが隈取の始まりと言われています。

それを目の下のくすみに例えたと知ったときは、なるほど、と納得してしまいました。

クマの主な原因は血行不良です。

皮膚が薄いことがクマが目立つ一番の理由ですが、それ以外にも、もともと目の周囲はまばたき運動によって血行不足になりやすいという原因があるのです。

しかし、クマに見えて実は色素沈着である場合もあります。

目元の皮膚は頬と比べて1／3程度の厚みしかなく、乾燥に加えて紫外線のダメージも受けやすいため、こすり過ぎによる色素沈着や紫外線によるシミ・くすみでクマの様にくすんで見えます。

もしクマの原因が血行不良か色素沈着か見分けがつかない場合は、皮膚を横に少し伸ばしてみてください。通常のクマは色が消えますが、色素沈着の場合は色が消えません。

色素沈着には美白剤配合の化粧品が有効です。

ただし、目元は皮脂腺が少ないため、バリア機能が保たれにくく、顔の中でも特に乾燥しやすい部位です。間違ったスキンケアで肌に負担をかけていると容易に乾燥してしまいます。

さらに、私たちは1日に5000～2万回まばたきをするため表情ジワにもなりやすく、乾燥とまばたきのダブルの原因で目尻を中心に小ジワができやすいことも特徴です。

極力摩擦にならないように優しくケアしてください。

血行不良によるクマは、滞った血流を改善するアイマッサージが一時的には効果的です。

目の中心から外側に、アイクリームを使って優しく。その際に鼻の付け根と目頭のくぼんだところ、左右のこめかみ辺りのくぼんだところのツボを押すと、血流が改善されると言われています。

ただ、これらのマッサージは一時的なものなので、そもそも血流を滞らせない生活習慣が最も重要です。

クマができるときは、ストレスが多かったり、睡眠不足のときだったりしませんか？　夜はなるべくリラックスできるように自分が好きな香りを嗅いだり音楽を聴いたりして過ごしましょう。

私は、寝室にはスマートフォンは持ち込まないようにして、代わりに最近は日記を書くのが日課です。みなさんもお気に入りの夜の過ごし方をぜひ見つけてみてください。

Step 45

# シミの治しかたは様々。皮膚科での診断が一番効率的。

「シミ」には実に様々な種類があります。結論から言うと、最初に自分がどのタイプのシミで、どのような治療法が有効かということを皮膚科で診断してもらうことが一番確実です。

最も多いタイプのシミは、紫外線ダメージによってほお骨辺りに頻出する「老人性《ろうじんせい》色素斑《しきそはん》」というシミ。

最初は薄くてあまり気がつきませんが、徐々に濃く、大きくなります。できたばかりの薄い老人性色素斑であれば、美白剤やビタミンC・E内服が有効ですが、濃くなってしまったものに対してはこれらの治療は効果がありません。レーザー治療が必要になります。

他に、隆起して時にイボと間違えやすい「脂漏性角化症《しろうせいかくかしょう》」というタイプのものもあります。

中には老人性色素斑からできるものもあり、混在するタイプも。

脂漏性角化症はただのシミではなく、良性腫瘍のひとつにカテゴライズされるため、老人性色素斑とは違うレーザーを使ったり、液体窒素による凍結療法を行ったりします。

そして、近年ＣＭなどでも盛んに取り上げられている「肝斑《かんぱん》」というシミ。肝斑は目の下からほお骨の間に左右対称にできるシミです。

紫外線やピルなど女性ホルモンの影響でできると言われていましたが、それだけではなく間違ったスキンケアなどによってこすりすぎることもその原因だと言われています。

トラネキサム酸の内服が有効で、間違ったレーザー治療でよけいに悪化するケースもあります。肝斑こそきちんとした判断ができる医師に見てもらうことをおすすめします。

ニキビ痕や蚊に刺された痕が残った「炎症後色素沈着」もシミの鑑別のひとつです。半年以上たっても消えないものは美白剤を処方します。

このように、実はシミも場合によって治療法が異なります。

シミができたら、まずはホームケアとして美白剤を、という方は多いと思いますが、美白剤が効かないタイプのシミである可能性もあるのです。それなのにわざわざ美白剤を購入するのは、お金がもったいないですよね。

美白剤は、市販の化粧品で売っているものと医師による処方が必要なものでは効果も違ってきますので、ホームケアの前に皮膚科に受診されることが最も効率的だと思います。

Step 46

# ほうれい線を薄くしたいのなら
# レチノイドを
# スキンケアに取り入れよう。

ほうれい線とは、ご存知の通り鼻から唇の両端に伸びる2本の線のこと。にこっと笑ったときにできるため「笑いジワ」とも言われていますが、深く刻まれたほうれい線は老けた印象を与えてしまうため、できれば目立たなくさせたいですよね。

ほうれい線は、たるみの一種です。

私たちは歳をとるにつれて、皮膚の弾力性を担う真皮のコラーゲンやエラスチンといった組織が、質も量も徐々に低下してきます。

そこに紫外線やAGEといったダメージが加わると、さらにコラーゲン組織はもろく壊れやすくなります。

正常なコラーゲンが減少し、弾力を失った皮膚は重力で下垂しやすくなるため、たるみが進行します。顔は解剖学的に頬の皮膚は下垂しやすい一方、口周りの皮膚は下垂しにくいため、その境界部が「ほうれい線」として現れるのです。

ほうれい線の他にも、目の下から末広がりにできるゴルゴライン、また唇の両端からあごに伸びるマリオットラインも同じメカニズムでできます。

ほうれい線を薄くするためには、コラーゲンが減って凹んでしまった部分にヒアルロン酸を注入するのが一番手っ取り早い解決法です。

ただし半年~1年くらいで効果がなくなってしまうため、その度に美容皮膚科に行って注入してもらう必要があります。

ヒアルロン酸注入は少し抵抗がある、まだそこまで気になっているわけではない、という方は、高周波機器によるたるみ治療や、コラーゲンの生成を促す効果があるレチノールがオススメです。

レチノールはビタミンA（レチノイド）の一種で、ターンオーバーを促進することでコラーゲンを増やす作用があります。

そしてその作用がおよそ100倍強いと言われているのがレチノイン酸（トレチノイン）で、こちらは医師による処方が必要ですが、長く使うことで徐々に効果が現れてきます。

もうひとつ、ピーリングもターンオーバーを整えてコラーゲンの生成を促進する効果があるため、シワやたるみに有効です。

また、ほうれい線を薄くするために、表情筋を鍛える体操（口を大きく開けたり閉じたりするもの）をネットなどの情報で目にしますが、こういった運動はかえって表情ジワを深くしてしまう結果となるため、おすすめしません。

日頃のケアとしてはやはり紫外線対策と、コラーゲン組織のダメージとなる活性酵素を改善するビタミンCやE、ポリフェノールといった栄養素の摂取と、AGEを減らす食事法、これに尽きます。

深いほうれい線ができてからホームケアでなんとかする、ということは残念ながら限界があり、できるだけコラーゲンへのダメージを少なくする生活習慣を20代のうちに心がけることが経済的にも賢いやり方。

ほうれい線が気になり始めた方はぜひ早いうちにこういった対策を始めてください。

Step
47

# たるみケアは
# マッサージよりも舌回し。

30代になると徐々に気になる皮膚のたるみ。

たるみの原因は、主に年齢に伴って真皮のコラーゲンの数や質が低下して弾力性が低下することによります。

他にも皮下脂肪が増えたり、脂肪よりさらに深いところにある筋肉（特に顔の場合、表情筋と言います）が衰えることにもよります。


即効性を求めるのであれば、美容クリニックで低下したコラーゲンを回復させるための高周波などのタイトニング治療や超音波治療、またはヒアルロン酸注入療法が有効ですが、一方で定期的なメンテナンスも必要です。できることならば、家でもできるようなケアがあればいいですよね。


そこでおすすめなのは舌を使ったエクササイズです。やり方は単純で、口を閉じたまま舌を、歯茎をなぞるように回すだけ。

最初は10回くらいから始めて、少しずつ回数を増やしてみてください。

表情筋が引き締まり、たるみの解消になります。

また、ヘッドマッサージも有効です。顔のたるみなのになぜ頭皮？　と思う方もいるかもしれません。

それは、顔の皮膚は頭皮とつながっているため。

頭皮の血流が悪いと頭皮もハリや弾力が低下し、それにより顔のたるみにも影響を及ぼします。

シャンプーをするときにできるだけ頭皮を動かすように指でマッサージするといいでしょう。

また少し前より、ローラーなどを使って皮膚をリフトアップする、自宅でできるたるみケアが人気です。
やった直後は効果を実感する、と言う方が多いですが、残念ながらこのようなマ

ッサージで皮膚を引き上げても、その効果は一時的でまたすぐにもとに戻ってしまいます。

その理由はたるみの理由を理解していれば分かりますよね。それどころか、皮膚を無理に引っ張ると摩擦を生じて刺激を与えてしまうことになります。

ご自分でリフトアップのマッサージをやるときはなるべく摩擦を与えないように、たっぷりのクリームを使って行ってください。

Step 48

# くすみ対策は深呼吸から。

「くすみ」というのは、実は医学的に定義があるわけではありません。

一般的には肌の色やツヤが悪くなった状態を指します。

くすみに最も影響を及ぼすのは「血流」です。血行が滞り、肌のターンオーバーがうまく機能できなくなって古い角質が剥がれずに残ってごわついてしまったり、日焼けなどによってできたメラニンが排出できずにいたりすることで肌がくすんでいる印象になります。

さらに、肌の糖化もくすみの原因になります。

糖化は肌の「焦げ付き」のことで、肌を黄褐色にさせます。

血流についてはケアによって解決できますが、糖化によって一度黄褐色にくすんでしまった肌は改善するのがなかなか難しいことが特徴です。

くすみもエイジングのひとつの現象であるということはよく覚えておきましょう。

くすみのキーワードであるターンオーバーは毎日行われるものなので、根本的に解決しようと思ったら普段から血行をよくするような生活をする必要があります。

それはクマのときにもお話しした「自律神経を整える生活」です。

特に夜の過ごし方は、極上肌を作る睡眠時間にも影響を及ぼすため、少なくとも就寝の1時間前はリラックスできる過ごし方を心がけることをおすすめします。

なかなか忙しくて余裕がない、という方はまずは「深呼吸」の習慣を取り入れてみてはいかがでしょうか。

やり方は簡単。朝起きたときと夜寝る前に、ベッドの上で最初の5秒で鼻からゆっくり息を吸い、次の5秒間は息を止め、最後の5秒でゆっくり口から息を吐きます。

誰でもすぐにできる、自律神経改善のためのとてもシンプルな方法です。

しかし、普段から気をつけているつもりでも、体調が悪かったりつい夜更かしをしてしまった翌日などは、くすみができてしまうこともありますよね。

そこで重宝するのが「コントロールカラー」です。

イエロー、パープル、グリーンなど、普段の化粧下地に重ねて塗ると顔色を改善してくれる効果があります。

よく、肌色を明るく見せるために普段以上に明るい色の化粧下地を使う方がいますが、かえって顔が白く浮いて見えて不健康な印象になってしまいます。

くすみにおすすめなのはピンクやパープル系のカラー。化粧下地についてもパール入りのものは肌のツヤをよりよく見せてくれる効果があるのでくすみができやすい方にはおすすめです。併せて上手に取り入れるといいでしょう。

Step 49

# まつげを育毛したいなら
# ナッツがおススメ。

女性にとって、まつげはとても大事なパーツ。ぱちっと長いまつげには誰もが憧れますよね。

そのためのひとつの手段として、若い方を中心にまつげエクステが今でも人気です。

ですが、経験のある方ならお分かりかと思いますが、まつげエクステは定期的に通う必要があり、メンテナンスがなかなか大変です。

さらによく聞かれる悩みが、「まつげエクステをしていると自分のまつげが減ってしまう」というもの。

まつげも髪の毛と同様に、抜けては生え変わって、のサイクルを繰り返します。これを「毛包周期《もうほうしゅうき》」といいますが、髪の毛が2～6年なのに対し、まつげは1～2ヶ月と毛包周期がかなり短いことが特徴です。

自然にまつげが抜けるのは、毛包周期の休止期、いわゆる「寿命」になって抜けることによりますが、エクステの場合、まだ休止期になっていないのにもかかわらずエクステの重量に耐えられなくなって抜け落ちてしまう、というのがいつも以上にまつげが減っていると感じる主な原因です。

最近では、そういった方のためのまつげの美容液が厚生労働省によって承認され、皮膚科などで手に入るようになりました。

ビマトプロスト（商品名：グラッシュビスタ）というもので、70日使用分でおよそ2万円、使用して2ヶ月目頃から徐々に効果を実感することができます。

まつげが減ってしまった方のためのレスキューとしておすすめの美容液ですが、副作用として目の周りに色素沈着を起こす、目が充血するなどが4人に1人の割合で見られることも事実。専用のブラシがついていますが使用するときは注意が必要です。

まつげが減る原因として、マスカラも忘れてはいけません。毎日マスカラをすると、しない人の2倍まつげが抜けると言われています。

マスカラは、特にウォータープルーフの場合、メイク落としの際にどうしても必要以上の力でこすってしまい、まつげが抜けやすくなってしまいます。

まつげのためには例えば海やプールに行くときなどを除いて、お湯で落ちるタイプかウォータープルーフでないものを使用する方がベターです。

普段のケアとしては、まつげへの血流をよくすることが効果的です。アイクリームを使って、なるべく摩擦を作らないように上まぶたを目頭からまつげの下辺りを外側に、下まぶたを外側から内側に優しくマッサージを行います。ホットタオルなどで温めて行うとさらに効果が期待できます。

最後に、昔から育毛によいと言われている栄養素として「ビオチン」「亜鉛」があります。ビオチンはレバーや卵、貝類に、亜鉛は牡蠣、肉類、納豆などに多く含まれますが、私のおすすめは「ナッツ」。

ナッツはビオチン、亜鉛ともに豊富なので、栄養価の非常に高い「天然のマルチサプリメント」としてアメリカなどでも大変人気です。

小腹が空いたときなどに手軽に摂取できますし、くるみ（ウォルナッツ）などはオメガ3脂肪酸も豊富で極上肌効果もばっちりです。カロリーも高いので食べ過ぎないように、私は小分けしたミックスナッツをかばんに入れて持ち運んでいます。

ナッツを食べて極上肌とふさふさまつげを手に入れましょう。

# おわりに　インナービューティーのすすめ

肌に対する悩みは人によってさまざまですが、極上肌を手に入れたいという気持ちはきっとみんな同じです。

最近ではインターネットを始め、スキンケアにまつわる情報を簡単に入手することができるようになりました。ですが、その一方で、何が肌のために本当に必要なことか分かりにくくなっていることも事実だと思います。

実際に診察していても、どんなスキンケアが正しいのか分からない、自分のスキンケアに自信がない、という相談が後を絶ちません。

そんなスキンケアに少しでも悩みをお持ちの方に、スキンケアをもう一度シンプルに見直すきっかけにしていただけたら、と思いこの度筆を執らせていただきました。

肌がきれいになると、同じような毎日でもポジティブに捉えられたり、一歩前に進めるようになります。この、日々が楽しくなる感じ、ひとりでも多くの方に同じような体験を共有していただけたら、これ以上の喜びはありません。

そして、化粧品によるスキンケアだけでなく、食生活を始めとする、生活習慣も含めたトータルケアの大切さを知っていただくことによって、外だけでなく内からも健康的に美しくなるという、いわゆる「インナービューティー」に、この本が少しでも貢献できればと思います。

【著者略歴】

**小林智子（こばやし・ともこ）**

皮膚科医。ドクターレシピ監修。
日本医科大学卒業後名古屋大学大学院皮膚病態学にてアトピー性皮膚炎について研究 。2015年よりNorthwestern大学でポストマスターフェローとしてアトピーなど小児皮膚科の臨床研究に従事。食事と健康に関してレシピや情報などを医学的な立場から発信する「ドクターレシピ」の監修を行う。

＜所属＞
日本皮膚科学会／日本アレルギー学会／日本美容皮膚科学会／日本抗加齢医学会／米国レーザー学会

**皮膚科医が実践している 極上肌のつくり方**

2020年6月11日 第一刷

著 者 小林智子
発行人 山田有司
発行所 〒170-0005
株式会社 彩図社
東京都豊島区南大塚3-24-4
MTビル
TEL：03-5985-8213 FAX：03-5985-8224

印刷所 新灯印刷株式会社
イラスト 梅脇かおり
URL https://www.saiz.co.jp https://twitter.com/saiz_sha

 ISBN978-4-8013-0454-3 C0177